Wolfgang Metternich • IDEENFABRIK

Verlag Waldemar Kramer GmbH, Frankfurt am Main
ISBN 978 3 7829 0576 3

WOLFGANG METTERNICH

IDEENFABRIK

Von den Farbwerken zum Industriepark Höchst

Vor zehn Jahren nahm Infraserv Höchst, Betreiber des Industrieparks Höchst, seine Geschäftstätigkeit als selbständige Gesellschaft auf. Seither hat sich der Standort Höchst, das frühere Stammwerk der Hoechst AG, grundlegend gewandelt. Aus einem Werk der chemischen Industrie mit einer langen, von großen Erfolgen ebenso wie von zeitbedingten Rückschlägen geprägten Tradition wurde ein moderner und dynamischer Industriepark für die Chemie- und Pharmaindustrie. In diesen Jahren wurden die Weichen für den Aufbruch in eine neue Ära, für Wachstum, Expansion und neue Arbeitsplätze gestellt, wurde eine Erfolgsgeschichte mit Zukunft geschrieben.

Infraserv Höchst ist ein führender Dienstleister für den Betrieb anspruchsvoller Infrastrukturen, der diese seinen Kunden für ihre Forschung, Entwicklung und Produktion im Industriepark Höchst und darüber hinaus zur Verfügung stellt. Große internationale Konzerne wie das Pharmaunternehmen sanofi-aventis, der Spezialchemikalienhersteller Clariant und der Basischemiekonzern Celanese sind hier ebenso vertreten wie internationale und deutsche mittelständische und kleine Unternehmen. Am Anfang stand 1997 ein völlig neues Geschäftsmodell, bei dessen Verwirklichung Infraserv Höchst eine Pionierrolle zukam. Heute ist der Industriepark Höchst dank aller Standortgesellschaften und ihren Aktivitäten ein Motor der Entwicklung und ein bedeutender Wirtschaftsfaktor in der Region. Das alles ist für uns Anlass, unseren Mitarbeitern für ihre erfolgreiche Arbeit zu danken. Unser Dank gilt aber auch unseren Kunden, Partnern und den Nachbarn für ihr Vertrauen in unsere Tätigkeit. Ebenso wie die Leistungen unserer Mitarbeiter benötigen wir dieses Vertrauen und die Unterstützung aus dem Umfeld des Standortes.

Nach den durch die Restrukturierungsmaßnahmen der neunziger Jahre bedingten Veränderungen ist der Standort grundlegend modernisiert worden. Wir wissen um die Thematik industrieller Anlagen im Ballungsraum und wollen in verantwortungsvoller Weise mit unseren Partnern Lösungen entwickeln, um Leben und Arbeiten in Einklang zu bringen beziehungsweise zu erhalten. Dabei gilt es nicht nur, das Erreichte zu sichern, sondern den Industriepark Höchst durch Investitionen und die Ansiedlung neuer Unternehmen und Aktivitäten weiter zu entwickeln und in nachhaltiger Weise zukunftsfähig zu machen.

Dieser Ihnen aus Anlass unseres zehnjährigen Bestehens vorgelegte Bildband zeigt, dass in der langen Geschichte des Standortes Höchst immer wieder neue Herausforderungen gemeistert werden mussten. Am Ende steht das Erfolgsmodell Industriepark Höchst. Ihm und seiner Entwicklung gilt auch weiterhin unsere ganze Aufmerksamkeit, zum Nutzen von Mitarbeitern und Kunden, Nachbarn und Umfeld.

Jürgen Vormann

Dr. Roland Mohr

Inhalt

DER BLICK ÜBER DIE ANLAGEN *zeigt die ganze Vielfalt im Industriepark Höchst mit seinen hier forschenden und produzierenden Unternehmen aus den Branchen Chemie, Pharma, Biotech, Prozessindustrie und erneuerbare Energien. Heute arbeiten hier 22.000 Menschen als Mitarbeiter in mehr als 90 Unternehmen vom internationalen Konzern bis zum mittelständischen Dienstleister. Die Betreibergesellschaft Infraserv Höchst sorgt für die notwendigen Rahmenbedingungen und die Weiterentwicklung des Standortes.*

DIE CHEMISCHE INDUSTRIE *hat sich seit ihren Anfängen immer an Flüssen angesiedelt. Ohne Wasser – Brauchwasser, Kühlwasser und Wasser für die hier arbeitenden Menschen – sind Forschung und Produktion nicht denkbar. Der Main fließt mitten durch den Industriepark Höchst. Wo aber einst schwerste Belastungen für den Fluss die Folge der Industrieansiedlung waren, prägt heute viel Grün das Erscheinungsbild des Standortes. Auch das Wasser des Mains verlässt Höchst heute sauberer als es dort ankommt. Chemie und Natur sind keine Gegensätze mehr.*

Industriepar

DAS ZIEL VIELER MENSCHEN *ist täglich der Industriepark Höchst. Besucher sind herzlich willkommen. Ob bei Rundfahrten, Ausstellungen oder Veranstaltungen – die Pflege des Dialogs mit der Nachbarschaft, der Kontakt zu Schulen und Vereinen fördert das gegenseitige Verständnis und schafft Vertrauen.*

DIE HERANFÜHRUNG DER ROHSTOFFE, *der Abtransport der Halb- und Fertigprodukte erfordern eine durchdachte und gut organisierte Logistik. Bei einem jährlichen Umschlagsvolumen von rund zwei Millionen Tonnen werden hier pro Jahr 20.000 Container und 700.000 Tonnen Massengüter verladen. Der Trimodalport führt in modernster Weise Straße, Schiene und den Wasserweg des Mains zusammen. Durch die Nähe zum Flughafen Frankfurt-Rhein-Main und die direkte Autobahnanbindung verfügt der Industriepark Höchst über eine herausragende Verkehrsanbindung und Logistik.*

CHEMISCHE REAKTIONEN
finden im Industriepark Höchst nicht nur im Labor und im Reagenzglas statt. Die Vor- und Zwischenprodukte müssen in geschlossenen und sicheren Systemen zusammengeführt werden. Deshalb verbinden rund 800 Kilometer Rohrleitungen im Industriepark Höchst mehr als 120 Produktionsanlagen und ca. 800 Labor- und Bürogebäude.

KEINE RUHEZEITEN *kennen die Anlagen am Standort. Moderne Industrieanlagen, wie hier die Klärschlammverbrennungsanlage und weitere Einrichtungen der Entsorgung, laufen auch während der Nacht. Umweltschutz und Anlagensicherheit auf dem neuesten Stand der Technik sorgen für Sicherheit rund um die Uhr.*

VIER QUADRATKILOMETER *umfasst die Fläche des Industrieparks Höchst beiderseits des Mains. Außerhalb des Kernareals stehen rund um Höchst weitere Areale zur Verfügung. Der Industriepark ist einer der größten Chemie- und Pharmastandorte in Deutschland.*

INNOVATIV

Der Industriepark Höchst

Die Menschen – die Mitarbeiter und das Management – sind das Kapital des Industrieparks Höchst und der Betreibergesellschaft Infraserv Höchst. Mehr als 90 Unternehmen, vom Weltkonzern bis zum mittelständischen Dienstleister, mit über 22.000 Beschäftigten aus den Bereichen Pharma, Biotechnologie, Basis- und Spezialitäten-Chemie, Pflanzenschutz, Lebensmittelzusatzstoffe, verwandte Prozessindustrien, erneuerbare Energien und Dienstleistungen nutzen am Standort Höchst die Services und die hocheffizienten, von Infraserv zur Verfügung gestellten Infrastrukturen.

Die geografische Lage macht den Industriepark Höchst im Herzen von Mitteleuropa und als Teil der Wirtschaftsmetropole Frankfurt am Main zu einem Standort, den man erfinden müsste, wenn er sich nicht schon seit langem eines kräftigen Lebens erfreute. Mehr noch als diese geografischen Vorteile fallen für die Firmen und Kunden im

Industriepark Höchst das Angebot an hoch qualifizierten Arbeitskräften, die Schnelligkeit in der Projektumsetzung und die wettbewerbsfähigen Preise, vor allem auf dem Sektor der Energien, ins Gewicht.

Mit Infraserv Höchst entstand am Ende des 20. Jahrhunderts ein völlig neuer Unternehmenstyp, ein umfassender Dienstleister und Standortbetreiber vor allem für die Chemie- und Pharmaindustrie. Infraserv Höchst kam schon in der Gründungsphase eine Pionierrolle bei der Entwicklung innovativer Geschäftsmodelle zu.

Auf dem 4,6 Quadratkilometer großen Gelände stehen zunächst einmal ausreichende und voll erschlossene Flächen mit einer breit gefächerten technischen Infrastruktur zur Verfügung. Das Leistungsspektrum von Infraserv umfasst die direkte und kostengünstige Energieversorgung auf der Grundlage umweltfreundlicher und sicherheitstechnisch zuverlässiger Verfahren ebenso wie die sichere und schonende Entsorgung und Wiederaufbereitung von Reststoffen. Anlagensicherheit und innovative Verwertungskonzepte tragen durch die Rückführung von Energien und Rohstoffen in den Produktionskreislauf auch dazu bei, dass die Kunden am Standort ihre Produkte unter wettbewerbsfähigen Rahmenbedingungen erzeugen können. Außerdem bietet der Standortbetreiber Infraserv seinen Kunden Leistungen aus den Bereichen Facility Management, Umweltschutz, Sicherheit und Gesundheit sowie IT und Telekommunikation an. Vor allem darin liegt der Erfolg des noch jungen Geschäftsmodells „Standortbetrieb“ begründet.

Die Tochtergesellschaft Provadis betreibt nicht nur eine Schule für die breit gefächerte Berufsausbildung junger Menschen, sie qualifiziert auch in der Weiterbildung Mitarbeiter während ihrer gesamten beruflichen Laufbahn. Mit einer eigenen Hochschule vermag sie auch Berufstätige mit einem anerkannten Hochschulabschluss zu spezialisierten Fachkräften auszubilden. Infraserv Logistics bietet ganzheitliche Logistiklösungen, die von der Auftragsanalyse bis zum Zollmanagement alle Zyklen und Arten von Lagerung und Transport, insbesondere von Gefahrgütern und -stoffen, umfasst. Technion stellt seine Kompetenz beim Betrieb von Technika und Pilotanlagen zur Verfügung.

Von diesem breiten Leistungsspektrum profitieren nicht nur die im Industriepark Höchst angesiedelten Firmen und ihre Kunden. Der Standort hat im vergangenen Jahrzehnt ein weit über dem Durchschnitt liegendes Wachstum aufzuweisen. Das schafft und sichert Arbeitsplätze. Von den Beschäftigten am Standort sind 4.000 Menschen in Forschung und Entwicklung tätig, vielfach hoch qualifizierte Spezialisten. Der Erfolg des Industrieparks Höchst lässt sich auch in Zahlen darstellen. In den vergangenen sieben Jahren wurden von den Unternehmen am Standort in jedem Jahr zwischen 350 und 450 Millonen Euro hier neu investiert, weit mehr als die umgerechnet rund 250 Millionen Euro in einzelnen Spitzenjahren der früheren Hoechst AG.

Nur zehn Jahre nach seiner Gründung erweist sich der Industriepark Höchst auch in bisweilen schwierigen konjunkturellen Zeiten als ein Erfolgsmodell, als ein dynamischer, zukunftsorientierter Standort, der seine Leistungskraft durch Ideen und innovative Konzepte unter Beweis gestellt hat. Vor fast eineinhalb Jahrhunderten begannen die Gründer der ersten Fabrik zusammen mit Chemikern, Kaufleuten und einer Handvoll Arbeitern hier mit der Erforschung und der Herstellung innovativer chemischer Produkte. Wie daraus am Ende der Industriepark Höchst wurde, der heute weltweit ein Vorzeigemodell ist, illustrieren die nachfolgenden Seiten

DIE GESCHICHTE DER FARBWERKE *in Höchst und damit des Industrieparks begann im Oeder Weg vor den Toren Frankfurts. In der kleinen Farbenfabrik „Lucius & Saul" erprobte Eugen Lucius ab 1860 seine Vorstellungen zur Herstellung synthetischer Farbstoffe.*

ANFÄNGE

Das Werk Höchst in den Jahren 1863-1913

Die Erfolgsgeschichte des Industrieparks Höchst beginnt nicht erst 1994 oder 1997. Sie reicht weit zurück, bis in die Anfänge der Industrialisierung Deutschlands, in der Mitte des 19. Jahrhunderts. Damals, im Jahr 1856, waren im bereits seit 100 Jahren hoch industrialisierten England auf der Suche nach der Synthese des Heilmittels Chinin von dem jungen Chemiker William Perkin eher als Nebenprodukt die synthetischen Teerfarbstoffe gefunden und für die Textilindustrie nutzbar gemacht worden. In Manchester, dem weltweiten Zentrum dieser damaligen Schlüsselindustrie, hatte ein junger Chemiker aus Erfurt, Eugen Nikolaus Lucius, nicht nur diese neue Errungenschaft der chemischen Forschung, sondern auch seinen späteren Partner und Schwager, den aus Hamburg stammenden Carl Friedrich Wilhelm Meister, kennen gelernt. Seither ließ Lucius die Idee, derlei Produkte auch in Deutschland herzustellen, nicht mehr los.

Es war zunächst eine wissenschaftliche Herausforderung, mit den neuen synthetischen Farbstoffen zu arbeiten. Es war aber auch das Gespür des Nachkommen eines alten Erfurter Kaufmannsgeschlechts, das Eugen Lucius zwischen 1860 und 1862 veranlasste, die Gründung einer Fabrik für die neuen „Theerfarben" ins Auge zu fassen. Nach kleinen Anfängen in der eigens für erste Erfahrungen mit den neuen Farbstoffen in Frankfurt am Main erworbenen Fabrik „Lucius & Saul" kam es dann zu Beginn des Jahres 1863 zur Gründung von „Meister, Lucius & Co." in Höchst am Main. Der heutige Industriepark Höchst steht in der Tradition dieses Unternehmens.

Die Gründung von Eugen Lucius war ein reines Familienunternehmen. Sein Teilhaber wurde Carl Friedrich Wilhelm Meister, zugleich der Schwager von Lucius' Ehefrau. Als dritter Teilhaber fungierte Ludwig August Müller, ein Onkel der Ehefrauen von Meister und Lucius. Die drei waren durch ihre Heirat mit zwei Töchtern des Frankfurter Malers Jakob Becker eher zufällig miteinander in Kontakt gekommen. Die Vorstellungen von Lucius führten jedoch schnell zur Gründung eines gemeinsamen Unternehmens. Mit den drei Gründern trat von Anfang an auch ein Studienfreund von Eugen Lucius, der Chemiker Adolf Brüning, als technischer Direktor in die junge Firma ein. Er sollte neben Meister und Lucius die überragende Gestalt in den ersten beiden Jahrzehnten der „Farbwerke" in Höchst werden, weshalb er, der nach dem Ausscheiden von Ludwig August Müller Ende 1865 dessen Firmenanteile übernahm, zu Recht als einer der Gründer der Fabrik bezeichnet wird.

DIE GRÜNDER *Carl Friedrich Wilhelm Meister, Eugen Nikolaus Lucius und Adolph Brüning fanden durch familiäre Bande und gemeinsame Interessen zusammen.*

DIE WAHL DES STANDORTES HÖCHST

Bei der Auswahl des Standortes bewiesen die Gründer ein gutes Auge und ein sicheres Gespür für die Infrastruktur des Ortes und die darin schlummernden Möglichkeiten. Die Wahl der kleinen, im noch ganz agrarisch orientierten Herzogtum Nassau gelegenen Amtsstadt Höchst am Main als Standort für die neue Fabrik mag auf den ersten Blick erstaunen. Höchst am Main war alles andere als ein früh entwickelter Industriestandort. Zwar wurde das Städtchen im frühen 19. Jahrhundert als ein gewerbereicher Ort bezeichnet, doch will das bei den völlig unterentwickelten wirtschaftlichen Verhältnissen im damaligen Herzogtum Nassau nicht viel heißen. Allerdings lag Höchst schon seit 1839 an der Eisenbahnlinie von Frankfurt nach Wiesbaden und zum Rhein, immerhin die drittälteste in Deutschland überhaupt. Vor der Fabrikgründung hatte lediglich die Familie von Eugen Lucius geschäftliche und persönliche Kontakte zu dem hier ansässigen Holzhändler Balthasar Schweitzer unterhalten. Dieser war dann auch beim Ankauf des benötigten Fabrikgeländes behilflich.

Höchst hatte für Meister und Lucius drei klare Vorteile: Es lag nahe bei ihrem Wohnsitz Frankfurt am Main, in dessen damals noch sehr industriefeindlich geprägter Atmosphäre sich ein größeres chemisches Unternehmen nicht ohne weiteres hätte etablieren lassen. Dennoch musste die Gründung einer Fabrik in unmittelbarer Nähe des schon damals bedeutenden Handels- und Finanzplatzes als überaus vorteilhaft erscheinen. Außerdem gab es im zurückgebliebenen Höchst preiswerte Grundstücke und durch die Überbesetzung des lokalen Handwerks ein großes Arbeitskräftepotential, das gegenüber dem „teuren" Frankfurt die Ansiedlung der Fabrik wesentlich günstiger erscheinen ließ.

Der Hauptgrund jedoch dürfte die hervorragende wirtschaftsgeografische Lage von Höchst gewesen sein. Die Stadt lag an der Straße von Frankfurt nach Mainz, einer der großen mitteleuropäischen Ost-West-Verbindungen dieser Zeit. Der Main war sowohl Verkehrsweg für den An- und Abtransport zahlreicher Produkte als auch der Lieferant für das zum Betrieb der Fabrik so wichtigen Wasser. Die Kanalisierung des Flusses 1881 bis 1887 machte ihn zu einer leistungsfähigen Wasserstraße, die bis heute die Anbindung des Industrieparks Höchst an die internationale Binnenschifffahrt von der Nordsee bis zum Rhône-Delta und zum Schwarzen Meer gewährleistet. Außerdem verfügte Höchst, wie schon erwähnt, seit 1839 über einen Anschluss an das damals modernste Verkehrsmittel der Zeit, die Eisenbahn. All diese Standortvorteile, später ergänzt durch die Autobahnen und den Flughafen Frankfurt-Rhein-Main, einer der Drehscheiben des Weltluftverkehrs, haben bis heute ihre Gültigkeit behalten.

SCHNELLE EXPANSION

Trotz dieser Vorteile und der Tatkraft der Gründer war es nicht leicht, eine Fabrikation für die neuen synthetischen Farbstoffe ins Leben zu rufen. Zwar lockten die Erwartungen guter Absatzmöglichkeiten und großer Gewinne, auch betrat man mit der Erforschung dieser Farbstoffe ein wissenschaftlich ergiebiges Arbeitsgebiet voller ungeahnter Möglichkeiten. Die Konkurrenz war jedoch groß. Schaut man auf die Gründungsdaten der größten deutschen Chemieunternehmen, so liegen diese in den sechziger Jahren des 19. Jahrhunderts ganz dicht beieinander. Auch die nah gelegenen chemischen Fabriken in Offenbach, Frankfurt-Griesheim und in Wiesbaden sind Gründungen aus der Mitte des 19. Jahrhunderts und zum Teil älter als der Industriepark Höchst. In Offenbach wurde sogar schon 1842 die erste Teerdestillation Deutschlands betrieben.

Diese erste Periode der ab 1865 unter dem Namen „Farbwerke Meister Lucius & Brüning" in

DIE ÄLTESTEN FABRIKGEBÄUDE *lagen noch unmittelbar vor den mittelalterlichen Mauern der kleinen Stadt Höchst.*

Höchst am Main firmierenden Fabrik währte rund zehn Jahre. Schon wenige Jahre nach der Gründung stellten sich auch gute Gewinne ein, und die kleine Farbenfabrik, in der 1863 fünf Arbeiter, ein Chemiker und ein Kontorist die Arbeit aufgenommen hatten, vergrößerte sich rasch. 1869 begann man daher, die Fabrik, die bis dahin in nicht sehr günstiger Lage unmittelbar unter den mittelalterlichen Stadtmauern von Höchst angesiedelt war, auf ein neues Gelände, das langfristige Perspektiven bot, zu verlegen. Adolf Brüning, der technische Direktor und seit 1865 an Stelle von Ludwig August Müller auch Teilhaber, ließ die Werksanlagen etwa einen Kilometer westlich vom bisherigen Gelände entfernt nach modernsten Prinzipien, mit eigener Kanalisation und eigenem Wasserwerk, völlig neu errichten. Die Verlegung der Fabrik war 1874 abgeschlossen. Der heutige Industriepark Höchst hatte seinen Standort gefunden. Dieser bot nun nahezu einhundert Jahre genügend Raum für die weitere Ausdehnung der Betriebe und Anlagen.

Unmittelbar nach der Werksverlegung verstärkten die Gründer auch den Ausbau der sozialen Leistungen für die Mitarbeiter. Von Anfang an hatte man in der ersten Fabrik größten Wert auf Hygiene und gesunde Ernährung der Belegschaft gelegt. Eine Werksküche und Badeeinrichtungen gehörten deshalb ebenso zu den Einrichtungen der Fabrik wie die ärztliche Versorgung der Mitarbeiter. Nach 1874 kam dann ein groß angelegtes Wohnungsbauprogramm von vorbildlicher Konzeption hinzu, in dessen Rahmen allein bis 1914 rund 1.400 Wohneinheiten, fast ausschließlich in Ein- und Zweifamilienhäusern mit Gärten, errichtet wurden.

VON DER FARBENFABRIK ZUM CHEMIEUNTERNEHMEN

Bis in die achtziger Jahre des 19. Jahrhunderts blieb der Standort eine reine Farbenfabrik. Das Sortiment an synthetischen Farbstoffen wurde stetig erweitert, auch wurden bald einzelne Vorprodukte, die man in den ersten Jahren zugekauft hatte, im Werk selbst hergestellt. Nun jedoch veränderte sich das Unternehmen in seiner Rechtsform und in seiner Struktur sehr schnell. 1880 wurde aus der Offenen Handelsgesellschaft unter dem Namen „Farbwerke vorm. Meister Lucius & Brüning“ eine moderne Aktiengesellschaft, deren Aktien ab 1888 auch an der Börse gehandelt wurden. Man gewann dadurch Zugang zum Kapitalmarkt, nutzte dessen Möglichkeiten jedoch nur mit großer Zurückhaltung. Die Gründer und ihre Familien behielten die Kapitalmehrheit bis zur Gründung der I.G. Farbenindustrie AG im Jahre 1925. Nach Errichtung einer eigenen Säurefabrik durch Philipp Pauli wurden ab 1881 anorganische Säuren im Werk Höchst selbst hergestellt. Von 1883 an wurden als neue Endprodukte auch Arzneimittel ausgeboten. Das Werk in Höchst wurde schnell zu einem der führenden Standorte der pharmazeutischen

Industrie. Schon eines der ersten Medikamente, das „Antipyrin“ gegen Fieber und grippale Infekte, war ein großer Erfolg und begründete weltweit den hervorragenden Ruf der Arzneimittel aus Höchst.

Aus der Farbenfabrik war ein Chemieunternehmen geworden. Es begann eine der glanzvollen Perioden der Industriegeschichte von Höchst, die erst mit dem Ausbruch des ersten Weltkriegs 1914 abrupt zu Ende gehen sollte. Das Angebot an Farbstoffen wurde um immer neue Produkte erweitert. Unter ihnen erlangten die ersten organischen Pigmente, mehr aber noch die technische Synthese des Indigo, die nach einer ungeheuren Forschungsanstrengung über zwanzig Jahre hinweg erreicht wurde, größte Bedeutung. Die deutschen Farbenhersteller hatten mit 90 Prozent des Weltmarktes auf diesem Geschäftsfeld praktisch ein Monopol, auch die „Farbwerke Höchst“ exportierten 88 Prozent ihrer Farbstoffe in alle Welt.

Auf dem Gebiet der Arzneimittel war die Situation ganz ähnlich. Deutschland galt als die „Apotheke der Welt“. Vorstand und leitende Chemiker der „Farbwerke“ hatten in der Forschung schon lange die enge Zusammenarbeit mit den Hochschulen gepflegt. Die Höhepunkte im Arbeitsgebiet Pharmazeutika vor dem ersten Weltkrieg werden durch die Zusammenarbeit mit den Nobelpreisträgern Robert Koch, Emil von Behring und Paul Ehrlich ab 1885 markiert. In diese Zeit fiel der Aufbau einer eigenen sero-bakteriologischen Abteilung. Das erste Hormon wurde weltweit erstmals durch Robert Stolz in Höchst synthetisiert, und mit dem Salvarsan von Paul Ehrlich, dem ersten Heilmittel gegen die Syphilis nach 400 Jahren vergeblicher Bemühungen gegen diese Volksseuche, begann die moderne Chemotherapie.

ERFOLGE IN DER GANZEN WELT

Mittlerweile war Hoechst nicht nur als exportierendes Unternehmen über die Landesgrenzen hinausgegangen. Schon 1878 war in Moskau die erste ausländische Produktionsstätte eröffnet worden. Die Schutzzollpolitik und die Patentgesetzgebung der europäischen Staaten erforderten den Aufbau von Niederlassungen in weiteren europäischen Ländern, um deren Binnenmärkte und die von ihnen kontrollierten Wirtschaftsgebiete erreichen zu können. 1883 wurde eine Fabrikation in Creil, nördlich von Paris, ins Leben gerufen, und 1908 folgte Ellesmere Port bei Manchester als Niederlassung im britischen Weltreich. Nicht nur der Absatz der Produkte, auch die Unternehmenstätigkeit der „Farbwerke Höchst“ erhielt nun einen internationalen Charakter.

Das Werksgelände wurde stetig erweitert. Während im Osten, vor den Toren der alten Stadt

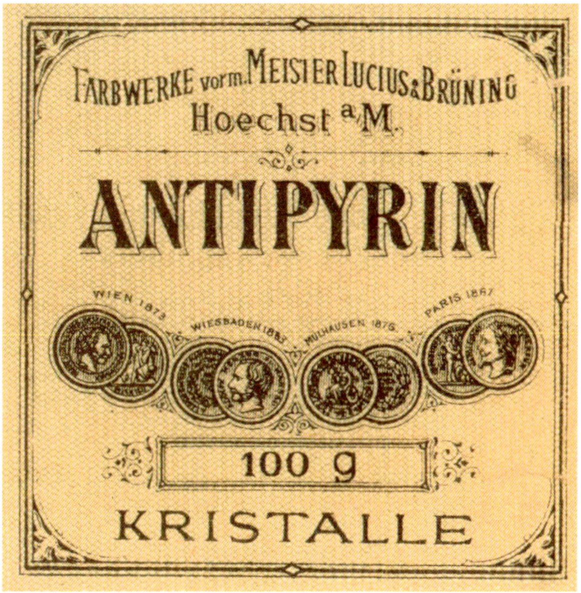

DIE HERSTELLUNG VON ARZNEIMITTELN
verwandelte die Farbenfabrik endgültig zu einem Unternehmen der chemischen Industrie.

Höchst, der Hauptzugang am „Tor Ost" bis zum heutigen Tag die Ausdehnung des Industrieparks in diese Richtung markiert, dehnten sich immer neue Fabrikanlagen im alten „Höchster Unterfeld" zunächst nach Norden bis zur Bahnlinie, dann aber immer weiter entlang der Mainzer Landstraße nach Westen, Richtung Sindlingen, aus. Hier war noch für lange Zeit, bis zum Beginn des Wirtschaftswunders der fünfziger Jahre des 20. Jahrhunderts, genügend Freifläche für den Bau neuer Fabrikanlagen vorhanden. Dennoch schaute das Unternehmen auch bei der Entwicklung der Fabrik in Höchst weit in die Zukunft. Schon ab etwa 1900 kaufte man Gelände rund um die Fabrik und auf der südlichen Mainseite. Diese Bodenvorratspolitik sollte den Farbwerken im folgenden Jahrhundert zugute kommen und selbst der Industriepark Höchst kann bei der Erschließung neuen Industrieareals noch heute auf einzelne dieser Flächen zurückgreifen.

Auch in Deutschland waren die „Farbwerke" über ihr Stammwerk hinausgewachsen. Im Jahre 1900 wurde mit der Errichtung des Werkes Gersthofen nahe Augsburg begonnen. Die aus der Wasserkraft des Lech gewonnene Energie sollte dort für die Indigoproduktion nutzbar gemacht werden. Wichtiger noch war die Zusammenarbeit mit anderen Unternehmen der chemischen Industrie. Schon 1904 hatten sich die „Farbwerke" und Cassella in Frankfurt unter Abweisung von Fusionsplänen, die Carl Duisberg von Bayer geschmiedet hatte, miteinander verbunden. 1907 trat Kalle in Wiesbaden der Gruppe bei. Eine ähnliche Zusammenarbeit hatten auf der anderen Seite die BASF, Bayer und Agfa vereinbart. Für die spätere I.G. Farbenindustrie AG war vor dem 1. Weltkrieg die Zeit noch nicht reif.

Das fünfzigjährige Firmenjubiläum der „Farbwerke, vorm. Meister Lucius & Brüning" in Höchst am Main im Jahre 1913 ließ das Unternehmen auf eine stolze Entwicklung zurückblicken. Der Umsatz lag bei über 100 Millionen Mark, allein im Stammwerk Höchst waren fast 9.000 Mitarbeiter beschäftigt. Nichts schien diese stürmische Entwicklung bremsen zu können. Aber es legten sich schon erste Schatten über das freundliche Bild, auch wenn die Beteiligten sie damals nicht sogleich als Gefahr bringend erkannten. Der Tod des noch nicht fünfzig Jahre alten dynamischen Generaldirektors Gustav von Brüning im gleichen Jahr 1913 leitete den Beginn des Rückzugs der Gründerfamilien aus der Leitung des Unternehmens ein. Schlimmer noch für die stark exportorientierte chemische Industrie war der Ausbruch des ersten Weltkriegs, der dann im August 1914 mit einer bis dahin nicht gekannten Härte Europa in ein Schlachtfeld verwandelte und der auch der Entwicklung der chemischen Industrie in Deutschland schwerste Schäden zufügte.

DIE 1863 ERRICHTETE FARBEN-FABRIK *unterhalb des Höchster Schlosses, hier in einem 1866 entstandenen Gemälde von Jakob Becker, dem Schwiegervater von Meister und Lucius, glich noch eher einem Gutshof denn einer modernen Fabrik.*

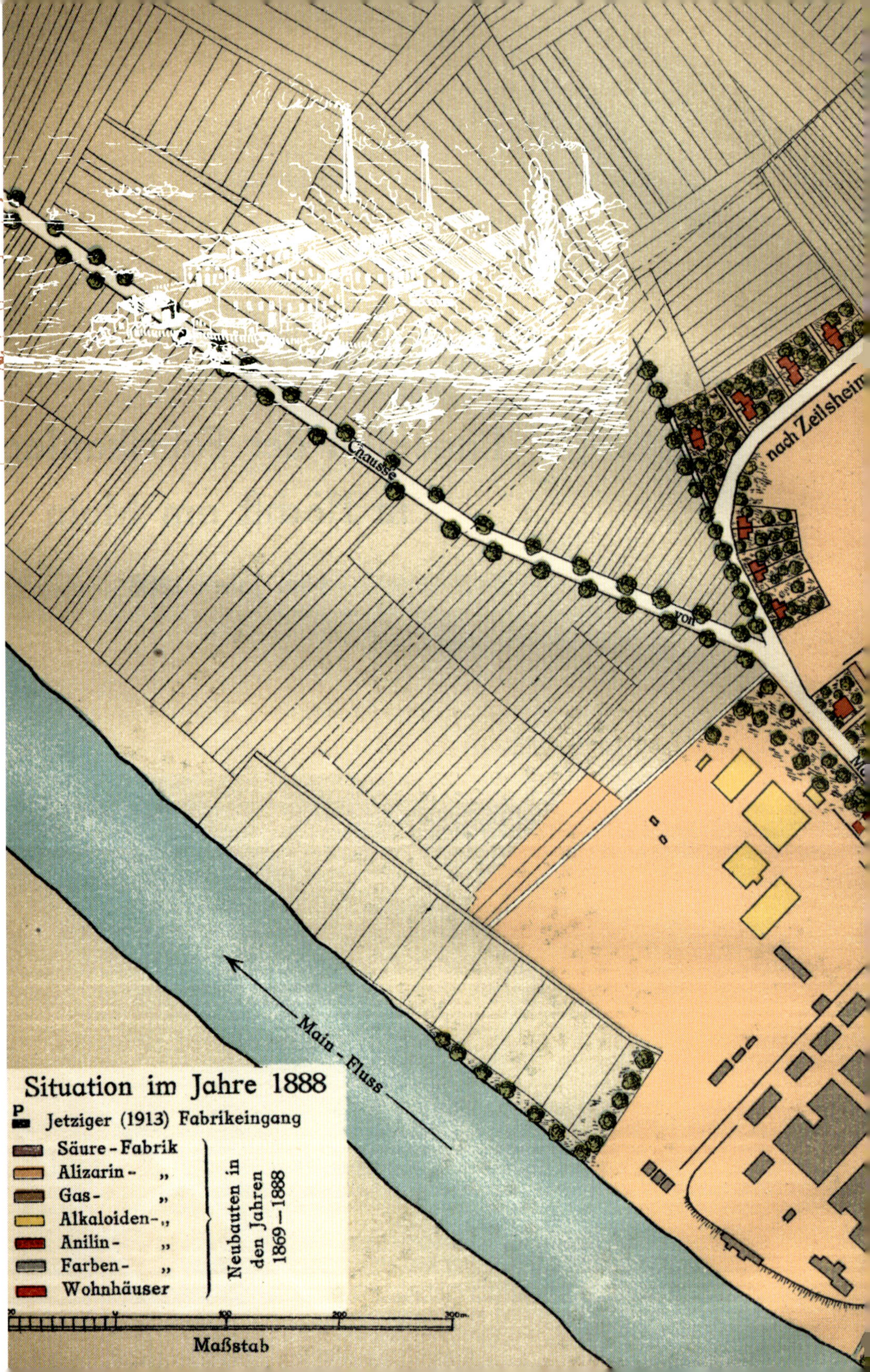
Chausse
von
nach Zeilsheim
Main - Fluss
Situation im Jahre 1888
P Jetziger (1913) Fabrikeingang
Säure - Fabrik
Alizarin - „
Gas - „
Alkaloiden - „
Anilin - „
Farben - „
Wohnhäuser
Neubauten in den Jahren 1869–1888
100
200
300m.
Maßstab

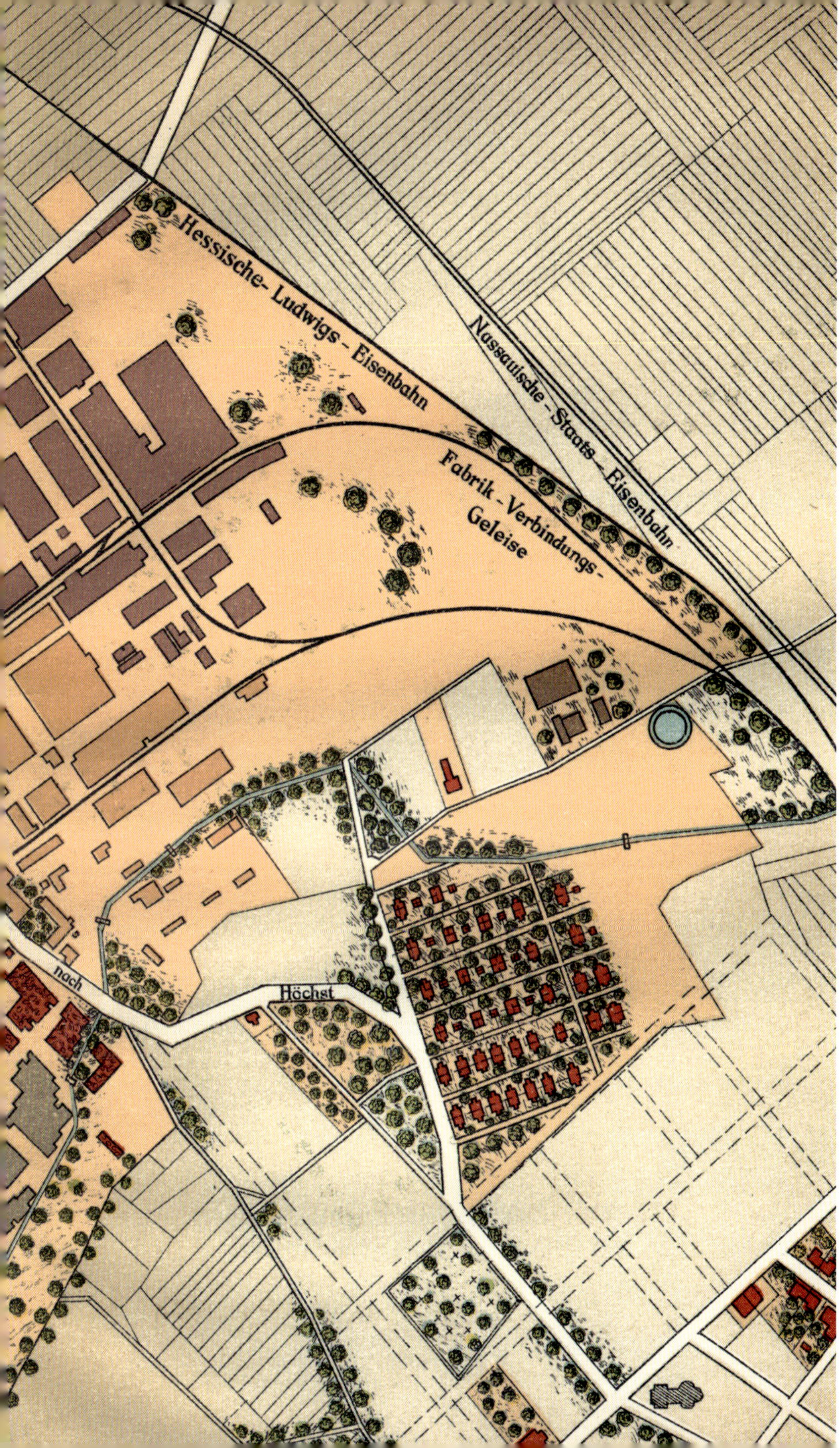

SCHON SECHS JAHRE NACH DER GRÜNDUNG *musste die Fabrik aus Platzgründen in das Unterfeld zwischen Höchst und Sindlingen verlegt werden.*

DIE ERRICHTUNG DER NEUEN FABRIK *westlich vom heutigen Tor Ost wurde 1869 begonnen und nach den für die Zeit modernsten Vorstellungen konzipiert. Die Verlegung war 1873 abgeschlossen. Der neue Standort bot nahezu einhundert Jahre Raum für die weitere Expansion des Unternehmens.*

ZUR ZEIT DER GRÜNDUNG *der Farbwerke im Jahr 1863 war die Arbeitswelt der chemischen Industrie eine reine Männerdomäne. Frauen wurden ab 1900, zunächst zögerlich, ab dem ersten Weltkrieg jedoch in großer Zahl, eingestellt. Die männlichen Mitarbeiter zeigten ihr Selbstbewusstsein in ihrem Auftreten vor. Kein Chemiker ohne Hut, Friedrich Stolz, der als erster ein Hormon synthetisch darstellte, sogar mit seinem über alles geliebten Fahrrad. Dem standen die Arbeiter mit ihren Werkzeugen und Laborgerätschaften nicht nach. Der § 11 auf dem Fass mit der Naphtol-Belegschaft von 1894 verweist auf einen allmählichen Bewusstseinswandel. Ungeachtet der Tatsache, dass in der 1892 errichteten „Bier- und Speisehalle" das Bier noch als Nahrungsmittel galt, regelte dieser Paragraf der Arbeitsordnung das Alkoholverbot in der Fabrik.*

Zur Erinnerung
an

DIE DAMALIGEN BETRIEBS-EINRICHTUNGEN *erscheinen aus heutiger Sicht wie Anlagen aus der Steinzeit der Industrialisierung. Säuren und Laugen wurden noch in Tongefäßen oder Korbflaschen aufbewahrt und transportiert. Die Produkte wurden vielfach in offenen Kesseln oder Holzbütten zur Reaktion gebracht und gelagert. Geschlossene Systeme kannte man noch nicht. Transmissionen und Schwungräder für die Rührwerke bildeten über Jahrzehnte eine Gefahrenquelle. Verbesserungen wurden zwar angestrebt, die Arbeitssicherheit jedoch war im 19. Jahrhundert allenfalls ein Randthema. Man kann nur staunen, wenn man hört, dass die deutsche chemische Industrie vor 1914 aus solchen Anlagen heraus rund drei Viertel des Weltmarktes mit Farbstoffen und Arzneimitteln versorgte.*

HYGIENE UND VORSORGE FÜR DIE GESUNDHEIT *der Belegschaft beanspruchten schon in den Anfängen der Farbwerke die Aufmerksamkeit der Firmengründer. Gerade in einer Farbenfabrik gab es vielfältige Möglichkeiten, die Haut zu verunreinigen. Der Name „Rotfabrik" rührte von der bisweilen kräftigen Einfärbung der Fuchsinarbeiter am ganzen Körper her. Schon 1869 wurde eine erste Badeanstalt errichtet, der 1893 das große Rundbad folgte, mit eigenem Wasserturm und zahlreichen Waschgelegenheiten, Wannen- und Brausebädern eine der modernsten hygienischen Einrichtungen ihrer Zeit.*

DIE GESUNDE ERNÄHRUNG *der Mitarbeiter war ebenfalls ein Anliegen der Gründer. Noch in der ersten Fabrik von 1863 wurde drei Jahre nach der Gründung eine „Menage" erbaut. Der Werksarzt führte fortan die Aufsicht über die Speisepläne und sorgte für eine gesunde Ernährung der Mitarbeiter. Die 1892 errichtete „Bier- und Speisehalle" wurde bewusst im gemütlichen Landhausstil gestaltet, ein freundlicher Kontrast zum harten Arbeitsleben.*

DIE SOZIALEN LEISTUNGEN *der Farbwerke bedachten nicht nur die körperlichen Bedürfnisse. Schon früh bildete sich eine „Fabrikmusikkapelle", deren etwa 50 Musikern die Instrumente kostenlos zur Verfügung gestellt wurden. Sie spielte regelmäßig an Sommerabenden vor der „Bier- und Speisehalle", bei festlichen Anlässen und Tanzveranstaltungen. Ehemalige Militärmusiker wurden bei der Einstellung als Fabrikarbeiter bevorzugt. Im Laufe der Zeit scheint der Frohsinn überhand genommen zu haben. 1913 wurde die Musikkapelle wegen „Unregelmäßigkeiten" aufgelöst. Man sagt, der Alkohol habe bei den Übungsstunden die erste Geige gespielt.*

ZUR FÜRSORGE FÜR DIE MITARBEITER *zählten auch ein eigenes Werkskaufhaus (oben), in dem Waren verbilligt eingekauft werden konnten, Unterkünfte für Wochenpendler (Mitte) und vor allem die 1898 erbaute Festhalle (unten), in der bis zum Bau der Jahrhunderthalle 1963 Festveranstaltungen, Konzerte, Maskenbälle u. a. stattfanden. Heute beherbergt das Bauwerk das Computerlernzentrum, gehört aber mit dem benachbarten Casino, dem ältesten Gebäude im Industriepark Höchst aus dem Jahr 1873, zu den markanten Bauwerken zwischen dem Tor Ost und dem Verwaltungsgebäude von Peter Behrens.*

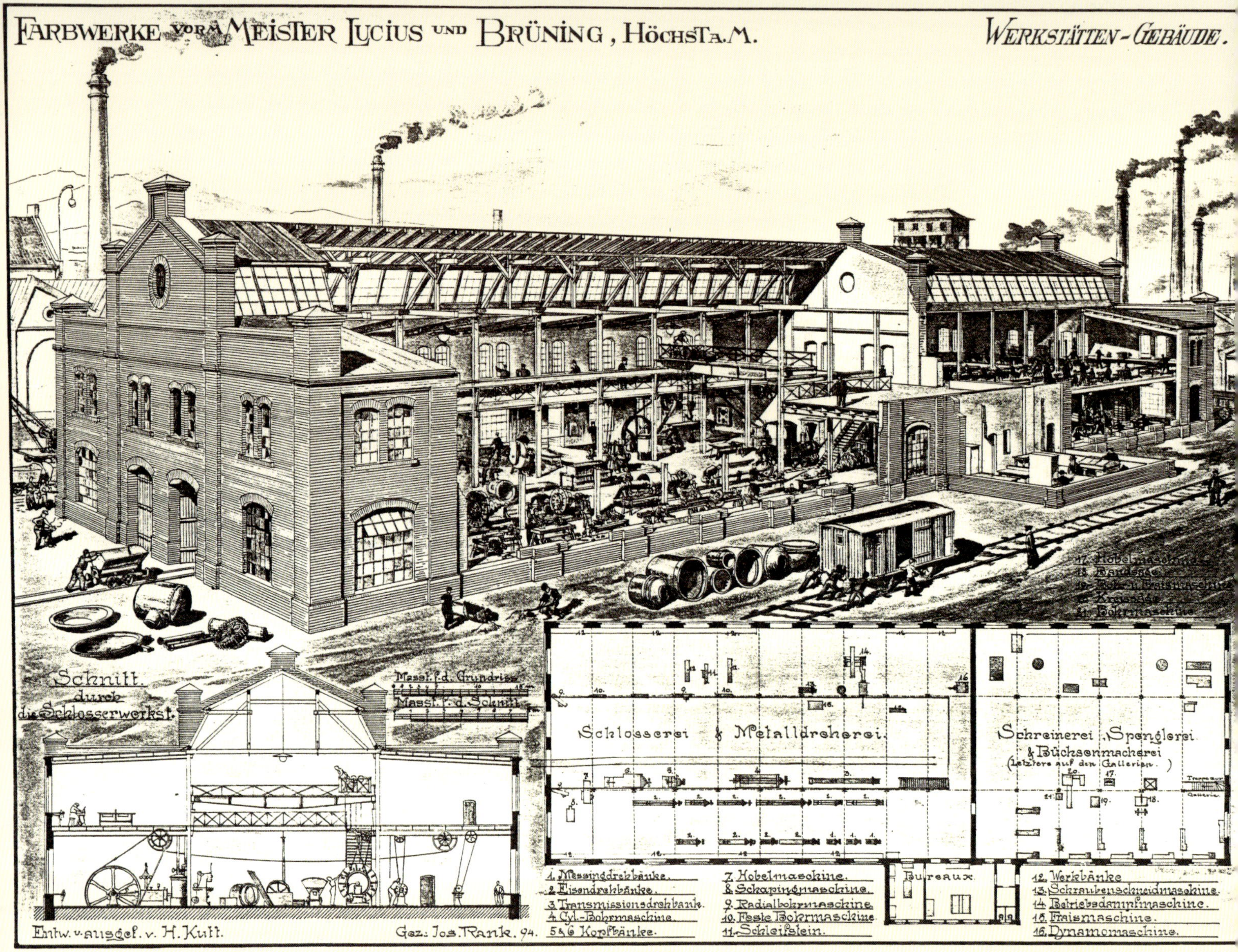

DIE INVESTITIONSTÄTIGKEIT *im letzten Jahrzehnt des 19. Jahrhunderts führte auch zu einem Ausbau der Infrastruktur und der Hilfsbetriebe am Standort. Ein gutes Beispiel ist die von Werksbaumeister Heinrich Kutt im typischen Backsteinstil der Zeit erbaute Hauptwerkstatt. Noch heute befinden sich hier die nun von Bilfinger Berger Industrial Services betriebenen Werkstätten für den Industriepark Höchst.*

ALS SICH DIE ZIMMERLEUTE *der Farbwerke 1890 zu diesem Jubiläumsfoto gruppierten, setzte man am Standort noch durchweg auf Eigenbetriebe. Heute werden diese Dienstleistungen von zahlreichen Firmen im Industriepark und in der Region erbracht.*

ANTRIEBSENERGIE OHNE VERLUSTE *über größere Strecken zu transportieren, war um 1900 noch sehr schwierig. Deshalb prägten überall in der chemischen Industrie eigenständige Kraftzentralen zwischen den Produktionsbetrieben, mit Dampfmaschinen, Schwungrädern und Transmissionsriemen, das Bild der Fabriken. Der Herr im Bowler übrigens ist nicht der Generaldirektor, sondern der Aufseher – eine wahre Respektsperson.*

DIE BRÜNINGSTRASSE 1912 *verweist auf die stete Erneuerung der Fabrik schon vor rund einhundert Jahren. Fuhrwerke wurden durch Kraftwagen abgelöst. Auf der Stelle des Werkstattgebäudes (links) entstand ab 1920 das weltberühmte Verwaltungsgebäude von Peter Behrens. Die 1873 errichteten Bauten auf der rechten Seite hingegen zeugen noch heute von der Tradition des Standortes Höchst.*

F 32

OHNE EINE LEISTUNGSFÄHIGE FEUERWEHR *sind bis heute chemische Forschung und Produktion undenkbar. Die Werkfeuerwehr am Standort Höchst blickt auf eine lange und erfolgreiche Tätigkeit zurück. Unmittelbar nach der Verlegung der Fabrik an den heutigen Standort wurde eine Feuerschutztruppe aufgestellt. Moderne Technik war schon im 19. Jahrhundert eine Selbstverständlichkeit. Das Gebäude der Feuerwache am Tor Ost, in dem anfangs auch das Fuhrwesen untergebracht war, prägte bis in die Mitte des 20. Jahrhunderts das Bild der Fabrik.*

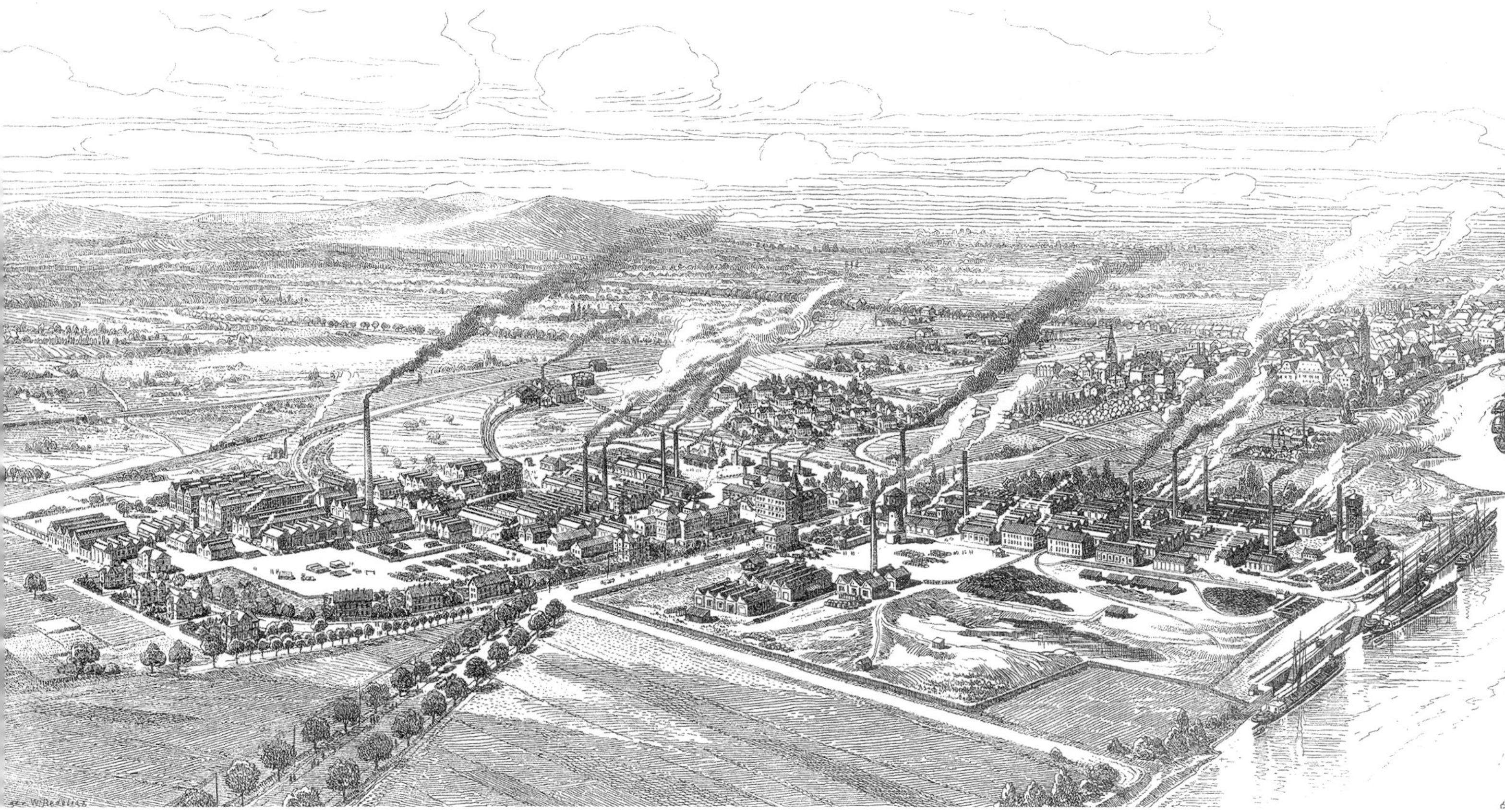

WIRTSCHAFTSKRISEN *kannte auch das Kaiserreich von 1871. Nach der Überwindung einer fast zehnjährigen Depression ab 1873, die auch die Entwicklung der Farbwerke nicht ganz unberührt ließ, kam es anschließend zu einem stürmischen Wachstum, welches die deutsche chemische Industrie zum unangefochtenen Weltmarktführer werden ließ. In dieser Zeit entstanden auch im heutigen Industriepark Höchst Bauten, die seither das Erscheinungsbild des Standortes prägen. Nach einem Brand wurde 1893 das längst zu kleine Hauptkontor, der Sitz der Geschäftsleitung, völlig neu erbaut und dabei gleich auf Zuwachs ausgerichtet. Die Aufstockung erfolgt 1908 und mit dem Obergeschoss von 1950 war die heutige Höhe erreicht.*

DIE AUSBAUPHASE *der neunziger Jahre des 19. Jahrhunderts ist am besten aus den Ansichten der Fabrik aus dieser Zeit zu ermessen. Jahr für Jahr kamen neue Betriebe, Labors und Werkstätten hinzu. Neue Bürobauten waren dagegen eher selten. Man konnte nun an der Zahl der Schlote die Erweiterung der Fabrik ablesen.*
Der Wasserturm in der Farbenfabrik entstand bereits 1888. Neuland wurde mit dem Bau der Sero-Bakteriologischen Abteilung, allgemein bekannt als „Heilserum", für den genialen Forscher Emil von Behring betreten. Für die Herstellung von dessen Diphtherieserum benötigte man nicht nur ein Labor und Reaktionskessel, sondern auch Stallungen für die Pferde. Ohne deren Blut war damals kein Serum zu gewinnen.

INS HÖCHSTER UNTERFELD VERLEGT *lag die Fabrik ab 1869 zunächst etwas abseits auf der grünen Wiese. Dennoch wuchsen Stadt und Werk in Höchst sehr schnell zusammen. Schon bald hatte sich die Flusslandschaft am Nordufer des Mains in ein großes Industrierevier verwandelt. Durch den Zuzug von Mitarbeitern aus ganz Deutschland, zum Teil auch aus dem angrenzenden Ausland, vervielfachte sich auch die Zahl der Einwohner in Höchst und den umliegenden Dörfern. Neue Zugangswege zur Fabrik entstanden. Ab 1878 wurde die Brüningstraße als direkte Verbindung von der Stadt zum Tor Ost ausgebaut und ab 1900 zwischen dieser und dem Main eine freundliche Grünanlage geschaffen. Ein weiterer, heute fast vergessener Zugangsweg war der „Eiserne Steg" vom „Heimchen" über die Geleise des Güterbahnhofs und entlang des Liederbachs zum Tor 1. Er entstand 1913 als Verlängerung des alten „Steinweges" von Unterliederbach nach Höchst. Er wurde im Mai 1954 abgerissen.*

ZUM 50-JÄHRIGEN JUBILÄUM *der Farbwerke 1913 hielt die Hofheimer Malerin Ottilie Röderstein ihren Eindruck von den Farbwerken in einem Gemälde fest. Die Fabrik ist hier von der Terrasse der Villa Meister in Sindlingen gesehen, ein expressionistisches Panorama, in dem die den Erfolg symbolisierenden rauchenden Schlote eine glänzende Zukunft zu verheißen scheinen.*

IN DER ZWISCHENKRIEGSZEIT *verlief die Mainzer Landstraße noch in voller Länge mitten durch die Fabrik, vorbei am Verwaltungsbau von Peter Behrens und der ab 1898 erbauten Werkssiedlung Mainfeld.*

I.G. FARBEN

Die Zeit zwischen den Weltkriegen 1914-1951

Mit Beginn des ersten Weltkriegs begann für Höchst wie für den überwiegenden Teil der chemischen Industrie Deutschlands eine lange Periode von Rückschlägen, immer wieder unterbrochen von der Aussicht auf bessere Zeiten, die für den Standort Höchst erst geraume Zeit nach dem zweite Weltkrieg mit der völlig neuen Gründung der „Farbwerke Hoechst AG vormals Meister Lucius & Brüning“ 1951 zu Ende ging. Erfolge blieben in Höchst in dieser Zeit nicht aus. Manches jedoch, was hoffnungsvoll begonnen hatte, wurde durch die politischen und wirtschaftlichen Verhältnisse der Zwischenkriegszeit, später auch durch die übergeordneten Interessen der I.G. Farbenindustrie AG behindert und anderen Standorten nutzbar gemacht.

Schon bei Ausbruch des ersten Weltkriegs zeichneten sich die kommenden Schwierigkeiten ab. Viele Mitarbeiter vertauschten den

Arbeitsplatz mit dem Schützengraben. Der exportorientierte Farbstoffmarkt brach durch die englische Seeblockade völlig zusammen. Stattdessen hielt auf Weisung des Kriegsministeriums die Waffenproduktion Einzug auch in die Fabriken der chemischen Industrie. Die Fabrik in Höchst war da keine Ausnahme. Sprengstoffe und Kampfgase traten vielfach an die Stelle der Herstellung von Farbstoffen, Arznei- und Düngemitteln. Im Werk Höchst entstanden damals die großen Anlagen zur Produktion von Salpeter, Salpetersäure und Ammoniumnitrat, die über Jahrzehnte das Bild der Industrieanlagen im Nordwesten der Fabrik prägten.

KRIEG UND KRISEN

Im Verlauf des Krieges wurde den Vertretern der chemischen Industrie in Deutschland klar, dass, wie immer der Konflikt auch enden mochte, die Verhältnisse nie mehr so sein würden wie in den goldenen Zeiten vor 1914. Schon bald nach dem Beginn der Feindseligkeiten waren die Patente, Warenzeichen und Fabriken in den Staaten enteignet worden, die gegen das Deutsche Reich im Krieg standen. Zusätzlich mussten in diesen Staaten eigene Farbstoff- und Arzneimittelindustrien aufgebaut werden, um den Lieferausfall aus Deutschland auszugleichen. Es war absehbar, dass diese neuen Industrien nach dem Ende des Krieges auf dem Weltmarkt mit der deutschen chemischen Industrie konkurrieren würden. Ein harter Verdrängungswettbewerb stand bevor. Deshalb verbanden sich schon 1916 die großen Gruppierungen der chemischen Industrie, Farbwerke Höchst-Cassella-Kalle und BASF-Bayer-Agfa mit Griesheim und Weiller ter Meer zu einer Interessengemeinschaft in Form eines Kartells, in der die einzelnen Firmen zwar juristisch selbständig blieben, wichtige Entscheidungen wie Rohstoffversorgung, Steuerung der Produktpalette und Absatzstrategien jedoch gemeinsam getroffen wurden.

Der Friedensschluss von Versailles 1919 verschärfte die Probleme noch. Zum Verlust der Patente und der ausländischen Produktionsstätten traten nun noch die Reparationsleistungen, der Mangel an Rohstoffen, besonders an Kohle, und die Besetzung des Werkes Höchst durch französische Truppen. Die schwierige politische Neuordnung in Deutschland, die Umstellung der Kriegs- auf die Friedensproduktion und die sich rasch beschleunigende Inflation warfen ihre Schatten auf die Entwicklung der chemischen Industrie in der Nachkriegszeit. Dennoch wurden in dieser Zeit auch die Weichen für die Entwicklung des Standortes Höchst in der Zukunft gestellt.

Auf Basis der Salpetersäure wurde eine breite Düngemittelproduktion aufgebaut, die ersten Pflanzenschutzmittel wurden ausgeboten, und aus seinen Vorläufern Antipyrin und Pyramidon wurden neue hochwirksame Medikamente für die nächsten Jahrzehnte entwickelt. Für das von kanadischen Forschern gefundene Insulin erhielten die „Farbwerke" wegen der langjährigen eigenen Forschungsleistungen auf diesem Gebiet die erste Lizenz in Deutschland. Die noch heute im Industriepark Höchst bedeutende Forschung und Produktion des Insulins nahm damals ihren Anfang.

Auch das äußere Bild des Standorts veränderte sich nachhaltig. Einer der weltweit führenden Architekten und Designer des 20. Jahrhunderts, Peter Behrens, errichtete an der Mainzer Landstraße im Zentrum der Fabrik das in jeder Hinsicht einzigartige Technische Verwaltungsgebäude. Sein markanter Turm und die Verbindungsbrücke zum Hauptkontor wurden nach dem zweiten Weltkrieg für fünfzig Jahre zum Vorbild für das Firmenzeichen der Hoechst AG. Heute haben in diesem einzigartigen Bauwerk, das zu den bedeutendsten Architekturleistungen des 20. Jahrhunderts in der Welt zählt, die Geschäftsleitung und Teile der Verwaltung von Infraserv Höchst, der Betreibergesellschaft des Industrieparks Höchst, ihren Sitz. Das Gebäude wurde in den letzten Jahren behutsam und nach den Originalvorlagen restauriert und ist nun wieder, bis hin zu kulturellen Veranstaltungen, gleichsam das Zentrum und die Visitenkarte des Industrieparks Höchst.

DIE I.G. FARBENINDUSTRIE AG

Trotz dieser positiven Anzeichen stand die deutsche chemische Industrie weiter unter Druck. 1925 schloss sich die Interessengemeinschaft von 1916 zu dem neuen Unternehmen der I.G. Farbenindustrie AG mit Sitz in Frankfurt am Main zusammen. Die in allen Gründungsunternehmen spürbaren Umsatzrückgänge führten, auch unter dem Druck der Weltwirtschaftskrise ab 1929, zu Produktionszusammenlegungen, harten Rationalisierungen und zu einem erheblichen Abbau der Belegschaften in den einzelnen Werken. Das Werk in Höchst, das in seiner Infrastruktur und seinen Produktionsanlagen großenteils auf dem veralteten Vorkriegsstand verharrte, drohte ins Abseits zu geraten und hatte Mühe, seine Stellung in dem neuen Unternehmen zu behaupten.

Nach anfänglichen Schwierigkeiten, die sowohl in der rückständigen betrieblichen Organisation als auch in den Rivalitäten der I.G.-Werke und der früheren Konkurrenten untereinander begründet waren, investierte die I.G. am Standort Höchst sowohl in die Forschung, in neue Produktlinien und auch in die Infrastruktur. So stand Ende 1939 das erste industriell genutzte Elektronenmikroskop in Deutschland in der Chemischen Verfahrenstechnik in Höchst. Viel wichtiger noch war die Erarbeitung eines Rasterplans für die Anordnung der Betriebe im Rahmen der Infrastruktur des Standorts. Neue Anlagen waren in den Notzeiten während und nach dem ersten Weltkrieg sehr schnell und bisweilen etwas willkürlich in bis dahin unbebautem Gelände errichtet worden. Diese Fehler wurden ab Mitte der dreißiger Jahre korrigiert und einer einheitlichen Infrastruktur unter Einschluss der Kanalisation, der Verkehrswege und der Versorgungsleitungen angepasst. Auch wenn der zweite Weltkrieg den vollständigen Abschluss dieser Arbeiten nicht mehr zuließ, ist der nördlich des Mains gelegene ältere Teil des Industrieparks Höchst bis zum heutigen Tage von diesen Strukturmaßnahmen geprägt.

Die Rolle der I.G. Farbenindustrie AG in Deutschland wird häufig mit den wirtschaftspolitischen Vorstellungen und mit den Verbrechen der Nationalsozialisten im Dritten Reich verknüpft. Die I.G. Farbenindustrie AG war zunächst ein international ausgerichtetes Unternehmen, dessen Interessen den engstirnigen Autarkiebestrebungen der Nationalsozialisten anfangs ganz und gar entgegengesetzt waren. Andererseits lockten gerade die neuen Entwicklungen der I.G. wie Buna, der synthetische Kautschuk, und das synthetische Benzin das Regime. Da diese Produkte von hohem stra-

DIE LEUNA-TANKSTELLE *mit dem synthetischen Benzin prägte in der Zeit der I.G. Farbenindustrie AG die Straßengabel Mainzer Landstraße/Zeilsheimer Weg. Sie lag direkt vor dem Behrens-Bau am Beginn der heutigen Grünfläche.*

tegischen Wert für die Kriegsplanung Adolf Hitlers waren, kam es zu einer sich verstärkenden Zusammenarbeit zwischen Stellen der I.G. und der Reichsregierung, die nach 1936 im Rahmen des Vierjahresplanes zu einer erheblichen Abhängigkeit des Unternehmens vom Nazi-Regime und, wie am Beispiel des Buna-Werkes Auschwitz-Monowitz deutlich wird, bis hin zur Teilhabe an dessen Verbrechen führte.

AUSWIRKUNGEN DER NAZI-DIKTATUR

Auch der Betriebsalltag am Standort Höchst wurde, wie in den anderen Werken der I.G., nach 1933 zunehmend von den neuen Machthabern mitbestimmt. Hier entzog sich die I.G. Farbenindustrie AG so wenig wie andere Industriezweige und nahezu alle Lebensbereiche der Entwicklung in Deutschland. Die Werksleitung und führende Manager sympathisierten offen mit dem Nazi-Regime. Zwischen 1933 und 1938 wurden alle als jüdisch geltenden Mitarbeiter aus dem Unternehmen entlassen, ausgeplündert und vertrieben. Bespitzelung, Denunziation und Zwangsmaßnahmen gehörten zum betrieblichen Alltag. In der Kriegszeit wurden die dunkelsten Kapitel dieses Unternehmens geschrieben. Durch den Mangel an Arbeitskräften kam es in Höchst zum Einsatz von Kriegsgefangenen, Fremd- und Zwangsarbeitern aus zahlreichen Ländern Europas. Mehr als 8.500 von ihnen arbeiteten unter sehr harten Bedingungen, bei vielfach unzureichender Ernährung und der starken Beschränkung ihrer persönlichen Freiheit im Werk Höchst.

Der Standort Höchst wurde im zweiten Weltkrieg von schweren Flächenbombardements verschont. Einzelne Fliegerangriffe richteten vergleichsweise geringe Schäden an, darunter die Zerstörung des Hörsaals im „Behrensbau". Bei ihrem Einmarsch Ende März 1945 fanden die amerikanischen Truppen fast unzerstörte Produktionsanlagen vor. Es ist heute gesichert, dass das Werk auch deshalb nicht bombardiert wurde, weil die Amerikaner schon während des Krieges beschlossen hatten, das Werk nach erfolgter Besetzung für ihre eigenen Zwecke zu nutzen. In der Tat nahmen nach Kriegsende wichtige Teile der amerikanischen Militärverwaltung ihren Sitz in Höchst. Nach der Auflösungsverfügung der I.G. Farbenindustrie AG durch die Alliierten 1945 stand das Werk Höchst von 1945 bis 1953 unter „US Administration", d.h. amerikanischer Kontrolle. In dieser Zeit wurden in einigen Verwaltungsgebäuden der Fabrik auch die ersten Dienststellen der neu aufgebauten deutschen Verwaltung untergebracht. Aus der Wirtschaftsverwaltung der Bizone in Höchst unter Ludwig Erhard entwickelte sich bis zur Gründung der Bundesrepublik Deutschland 1949 das spätere Bundeswirtschaftsministerium.

JOHN MCCLOY *höchstpersönlich, der amerikanische Hochkommissar, weihte am 4. August 1950 den mit Marshall-Plan-Mitteln errichteten neuen Penicillin-Betrieb ein, der ganz Deutschland mit diesem neuen Antibiotikum zu versorgen vermochte.*

Für die Alliierten stand bei Kriegsende fest, dass die I.G. Farbenindustrie AG nicht weiter fortbestehen sollte. Das Vermögen des Unternehmens wurde beschlagnahmt, und die einzelnen Werke wurden unter Militärverwaltung gestellt. Die Vorstellungen der Amerikaner gingen sogar noch weiter. Das in mehr als siebzig Jahren gewachsene Werk Höchst sollte in mehrere voneinander unabhängige Einheiten aufgeteilt werden. Gedacht war an etwa fünf einzelne Fabriken, z. B. ein Pharmaunternehmen, eine Farbstoff- und eine Düngemittelfirma. Die Unmöglichkeit des Vorhabens ließ diese Absichten ab 1947 gegenüber anderen Vorstellungen zu Makulatur werden. Hätte man diese Pläne ernsthaft weiter verfolgt, wäre der Industriepark Höchst womöglich schon 1946 entstanden. Die I.G.-Entflechtung bewegte sich nun wieder auf das Ziel hin, völlig neue lebens- und konkurrenzfähige Firmen in der Tradition der alten Unternehmen vor Gründung der I.G. Farbenindustrie AG 1925 entstehen zu lassen.

Am Ende des schwierigen Prozesses der Entflechtung kam es dann am 7. Dezember 1951 zur Neugründung der „Farbwerke Hoechst AG vormals Meister Lucius & Brüning", der späteren „Hoechst Aktiengesellschaft". Die fünf Gründer, unabhängige und unbelastete Persönlichkeiten aus dem deutschen Wirtschaftsleben, wurden von den Vertretern der Vereinigten Staaten von Amerika, Englands und Frankreichs in der Alliierten Hohen Kommission, der Nachfolgerin der alliierten Militärregierung, in Abstimmung mit der Bundesregierung bestellt. Die I.G. verblieb als I.G. Farbenindustrie AG i. L. (in Liquidation) lediglich zur Befriedigung alter Ansprüche von Gläubigern und Geschädigten aus der Zeit vor 1945 bestehen und war mit den neuen Unternehmen, neben Hoechst die Bayer AG und die BASF AG, juristisch nicht verbunden.

AUS SCHIESSPULVER WURDE DÜNGEMITTEL. *Der Ausbau der Produktionspalette auf der Basis der Salpetersäure im ersten Weltkrieg diente vor allem zur Herstellung von Munition und Sprengstoffen. Nach Kriegsende 1918 wurden in Höchst aus den gleichen Vorprodukten Düngemittel entwickelt, die bis in die achtziger Jahre als hochwertige Produkte für die Landwirtschaft dienten. Nach Auslaufen dieser Produktion wurde das 1925 in expressionistischen Formen erbaute Düngemittelsilo im Jahr 1987 abgerissen.*

DER BLICK VOM TURM DES BEHRENS-BAUS *über das alte Vorstandsgebäude D 706 und den Südosten des Werkes im Jahr 1930 hinweg zeigt eine Fabrik im Umbruch. Nach dem Eintritt in die I.G. Farbenindustrie AG wurden in Höchst zahlreiche veraltete Betriebe durch neue und moderne Anlagen ersetzt.*

DER ERSTE WELTKRIEG *und die ersten Jahre danach brachten für den Standort Höchst schwere Belastungen. Während der Kriegszeit musste auf Weisung des Kriegsministeriums die Produktion von Spreng- und Kampfstoffen aufgenommen werden. Die 1915 errichteten Reaktionstürme der Salpetersäurefabrik zeugten davon. Nach Kriegsende besetzten französische Truppen bis 1929 das im Mainzer Brückenkopf gelegene Werk. Sie überwachten die Reparationsleistungen und nahmen auch Einfluss auf die Verwaltung von Werk und Stadt Höchst.*

DIE KOHLENTRANSPORTANLAGE, *die zwischen 1920 und 1923 projektiert wurde, war in der Lage, den damals wichtigsten Rohstoff der chemischen Industrie auf die ganze Fabrik zu verteilen. Die das Bild der Fabrik entlang des Mains prägende Anlage tat bis zur endgültigen Umstellung auf petrochemische Vorprodukte ihren Dienst und wurde zwischen 1966 und 1968 abgebrochen.*

FACETTEN AUS DEM BETRIEBLICHEN ALLTAG *der Zwischenkriegszeit. Die Büros (links oben) waren noch recht spartanisch, Telefon und Schreibmaschine hielten gerade erst Einzug. Für ein Jubiläumsbild stellte man sich gerne auf (links unten). Die Produktionsbetriebe erlebten den Wandel von offenen zu geschlossenen Systemen (rechts oben), aber bis zur voll kontinuierlich laufenden Anlage sollte es noch ein weiter Weg sein. Auch wenn es in der Weltwirtschaftskrise ab 1929 zu zahlreichen Entlassungen kam, war die personalintensive Bedienung von Hand noch überall erforderlich. Das galt auch für die halb automatisierte Tablettenherstellung (rechts unten).*

DER BETRIEB, *die Betreuung und die Wartung der Anlagen erforderten eine hohe Kompetenz aller Mitarbeiter. Unter ihnen waren die Meister, ursprünglich Aufseher genannt, die wahren Herrscher in den einzelnen Betrieben. Sie wurden auch von Direktoren und Chemikern respektiert und geachtet. Ohne sie, ob bei technischen Problemen oder Personalentscheidungen, lief in den Betrieben der Farbwerke nichts.*

MEISTER *waren allgegenwärtig. Sie hatten überall ihren Mann zu stehen, ob bei einer Planungsbesprechung oder assistiert von Kollegen und Vorarbeitern (linke Seite und rechts unten). Entsprechend hoch war ihr Sozialprestige. Meister Brockmeier (rechts oben) wusste sowohl um seine Erfahrung, seine Stellung, als auch um seine Verantwortung.*

PETER BEHRENS *errichtete zwischen 1920 und 1924 mit dem Technischen Verwaltungsgebäude am Standort Höchst ein Bauwerk, das bis heute zu den wichtigsten Industriebauten des 20. Jahrhunderts weltweit gezählt wird. Es war als Erweiterung des gegenüber liegenden Hauptkontors (heute D 706) gedacht und enthielt sowohl Repräsentations- als auch normale Büroräume. Der Architekt und Designer Peter Behrens lieferte die Entwürfe nicht nur für die Architektur, sondern auch für alle Details und die Einrichtung. Das Bauwerk ist fast vollständig im Original erhalten, nur der Hörsaal fiel im 2. Weltkrieg einer Bombe zum Opfer. Höhepunkt ist die zentrale Kuppelhalle, deren Farbgebung die „Farbwerke" symbolisiert.*

BRAND- UND KATASTROPHEN-SCHUTZEINRICHTUNGEN *waren in der chemischen Industrie von Anfang an unerlässlich. Der Werkfeuerwehr galt deshalb bei den Modernisierungsmaßnahmen der Zwischenkriegszeit besondere Aufmerksamkeit. Ein speziell ausgerüsteter Feuerlöschzug der werkseigenen Schmalspurbahn, des „Salzbähnchens", stellte sicher, das die Feuerwehr innerhalb weniger Minuten am Brandherd war. Kraftfahrzeuge und ihre Mannschaften schützten die Betriebe, die nicht an das Schienennetz angebunden waren. Beim Brand des 1912 erbauten Farbenlagers am 3. Juli 1933 konnte die Werkfeuerwehr mit Erfolg größere Schäden verhindern.*

DIE I.G.-ZEIT *sah noch viele Jahre neue und ältere Anlagen nebeneinander laufen. Der Betrieb für die neuen Indanthrenfarben (oben) genügte schon den modernsten Anforderungen an Leistungsfähigkeit und Betriebssicherheit, während nebenan die alten Kugelmühlen (rechts) mit Transmissionsantrieb noch einige Zeit weiter laufen mussten. Einen entscheidenden Schritt in die Zukunft bedeutete das 1939 aufgestellte Elektronenmikroskop, das erste, das in einem deutschen Unternehmen zum Einsatz kam. Zukunftssicherung wurde in Höchst schon immer groß geschrieben.*

SÄUREN UND LAUGEN *gehören bis heute zu den Grundstoffen für jede chemische Produktion. Die erste eigene Säurefabrik am Standort nahe beim Tor Nord (oben) wurde bereits 1880 erbaut. Rohrleitungen, Gasometer und Säurebehälter (rechts) prägten über mehr als 100 Jahre den Standort.*

DIE PHARMAVERPACKUNG *im alten Ch 3 war über Jahrzehnte eine Domäne der Frauen. Sorgfältige Kontrollen von Hand sollten sichere Arzneimittel aus der Produktion gewährleisten.*

AUS- UND WEITERBILDUNG *wurden am Standort Höchst schon immer groß geschrieben. Dabei ging es besonders in der Zeit des Dritten Reiches nicht ohne die zeittypischen Begleitumstände ab. Der Reichsberufswettkampf 1939 forderte von den angehenden Laboranten (links) höchste Konzentration, während die Vorstellung der neuen Mitarbeiter 1938 (rechts) mit einem Appell in militärischen Formen stattfand.*

SCHLOSSER UND SCHWEISSER *bekamen in der Werksschule eine vorzügliche handwerkliche und technische Ausbildung, die sie später im Betrieb allen Anforderungen gewachsen sein ließ.*

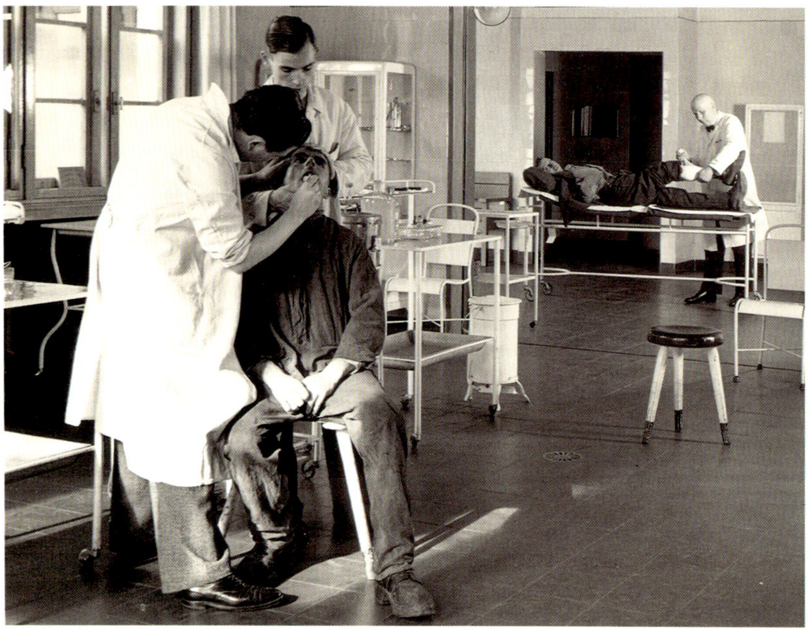

DIE SOZIALEN EINRICHTUNGEN *wurden auch in den schweren Zeiten der zwanziger und dreißiger Jahre nicht vermindert. Im Gegenteil, die alten Menagen wurden um moderne Kantinen (oben), in denen ein kalorienreiches Essen verabreicht wurde, erweitert. Auch die medizinische Versorgung der Mitarbeiter blieb auf einem hohen Stand. Zur Hilfeleistung bei Schäden und Unfällen trat in verstärktem Maße die Vorsorge durch vorbeugende Untersuchungen und Kuren.*

DIE FREIZEITGESTALTUNG

spielte in der I.G. Farbenindustrie AG eine große Rolle. Auch wenn hiermit, besonders in der Zeit der NS-Diktatur, eine verstärkte Kontrolle der Mitarbeiter verbunden war, kamen Erholung und Vergnügen nicht zu kurz. Auf den werkseigenen Sportanlagen am Heimchen in Unterliederbach fanden regelmäßig Sportfeste statt. Organisierte Betriebsausflüge ergänzten die wenigen Urlaubstage und sollten den Zusammenhalt unter den Kollegen fördern.

DIE LUFTAUFNAHME VON 1929 *zeigt ein Werk am Scheideweg. Die Fusion zur I.G. Farbenindustrie AG ist geschafft, die Modernisierung der Anlagen ist in vollem Gang. Zugleich aber wirft die beginnende Weltwirtschaftskrise ihre Schatten auf die wirtschaftliche Entwicklung und droht, den Aufschwung im Keim zu ersticken. Auch die Wirtschaftspolitik bringt zusätzliche Gefahren: Das Autarkiebestreben des NS-Regimes ab 1933 trifft die auf Export ausgerichtete I.G. Farbenindustrie AG an einer empfindlichen Stelle.*

DIE MACHTÜBERNAHME *der NSDAP 1933 veränderte das Leben in Deutschland in grundlegender Weise. Partei und Staat greifen nun in alle Lebensbereiche ein. Das gilt für den wirtschaftlichen Bereich ebenso wie für das Privatleben. Ganz gleich, ob zum Tag der Arbeit am 1. Mai 1934 (rechts), ob beim Besuch des Gauleiters Jakob Sprenger 1935 (unten) oder beim privaten Arbeitsjubiläum (unten rechts), die Partei und ihr allgegenwärtiges Symbol, das Hakenkreuz, sind immer zugegen.*

FREMD- UND ZWANGSARBEITER *hielten aufgrund des Arbeitskräftemangels durch die Einberufungen zur Wehrmacht ab 1941 auch im Werk Höchst Einzug. Menschen aus ganz Europa, vor allem aber aus den Gebieten der ehemaligen Sowjetunion mussten unter schweren und entwürdigenden Bedingungen in Höchst Zwangsarbeit leisten. Unter mehreren Lagern erlangte der „Russische Hof" im Westteil der Fabrik (links oben) einen traurigen Bekanntheitsgrad. Der Anteil von Frauen war unter den Ostarbeitern besonders hoch. Auch Kinder, die in Propagandafotos in zynischer Weise als behütet und betreut dargestellt wurden, mussten Schwerstarbeit leisten. Das Bild von der Ankunft ukrainischer Frauen 1943 verdient es, genau betrachtet zu werden. Die Gesichter zeigen eine Mischung aus Unsicherheit, Angst und dennoch auch Vertrauen in eine unsichere Zukunft.*

DAS RESULTAT *des zweite Weltkriegs, auch für das Werk in Höchst, ist bekannt. Zwar hielten sich die Zerstörungen durch Bomben, etwa im Hörsaal des Behrens-Baus (links), in Grenzen, es folgten jedoch der Einmarsch der amerikanischen Truppen im März 1945 (unten) und die jahrelange Unterstellung der Fabrik unter amerikanische Militärverwaltung. Der Wiederaufbau kam nur sehr zögernd in Gang.*

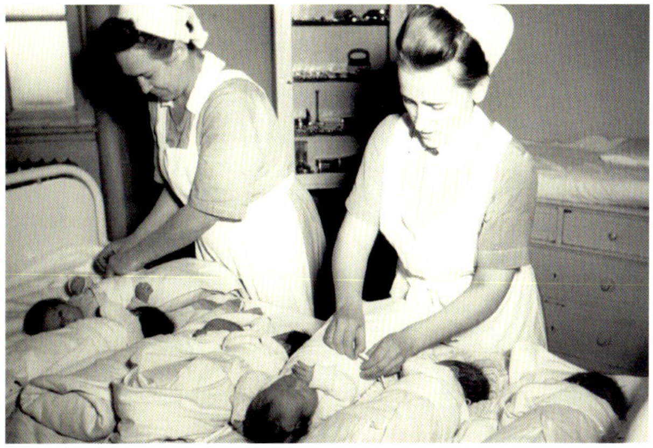

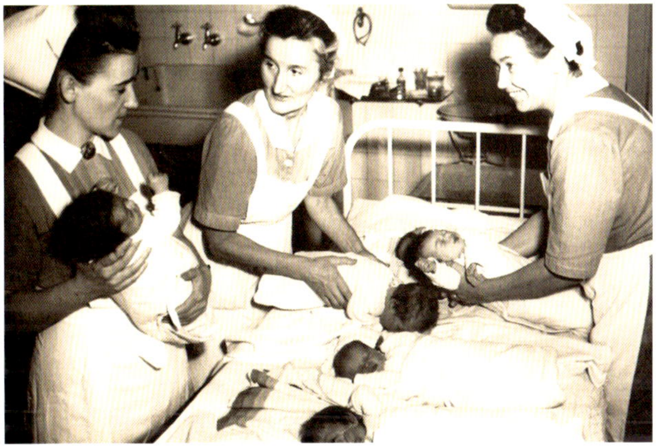

DER OPTIMISMUS *der Bevölkerung war dennoch nicht gebrochen. Einer der Betriebe, die nach dem Zusammenbruch 1945 alsbald die „Produktion" in vollem Umfang wieder aufnahm, war das „Asyl", das Entbindungsheim der Farbwerke am Seeacker. Diese Einrichtung verhalf vielen Mitarbeitern in allen Altersgruppen zu neuem Lebensmut, der in den Folgejahren ganz wesentlich zum Wiederaufbau der Farbwerke in Höchst und der chemischen Industrie in Deutschland beitragen sollte.*

EIN REGER BETRIEB *herrschte in früheren Zeiten bei Arbeitsbeginn auf den Zugangswegen ins Werk: Die Brüningstraße, eine der Hauptverkehrsadern, im Jahr 1960.*

NEUBEGINN

Von den Farbwerken zur Hoechst AG 1951-1994

Mit dem Namen „Farbwerke Hoechst AG vormals Meister Lucius & Brüning" knüpfte man 1951, ungeachtet der Tatsache, dass das neue Unternehmen nicht Rechtsnachfolger der I.G. Farbenindustrie AG war, bewusst an die großen Leistungen der „Farbwerke Höchst" vor der Gründung der I.G. Farbenindustrie AG im Jahr 1925 an. Dem damit verbundenen Anspruch auf den Märkten der Welt galt es allerdings nicht so sehr mit dem Blick zurück auf eine große Vergangenheit, sondern mit auf die Zukunft ausgerichteten Anstrengungen in Forschung und Entwicklung, Produktion und Vertrieb zu entsprechen.

EIN NEUES UNTERNEHMEN

Das neu gegründete Unternehmen glich eigentlich nur dem Namen nach den „Farbwerken in Höchst am Main", wie sie vor dem 1. Weltkrieg bestanden hatten. Von den alten Fabriken waren lediglich das „Stammwerk Höchst" und das Werk

Gersthofen Teil des neuen Konzerns geworden. Der Rest war über ganz Süd- und Westdeutschland verstreut. Bei näherem Hinsehen kann man sich des Eindrucks nicht erwehren, als seien die neuen „Farbwerke" nichts anderes als eine verkleinerte I.G. in der amerikanischen Besatzungszone – mit Ausnahme des Werkes Knapsack bei Köln, das wegen der Acetylenproduktion für Höchst lebenswichtig war. Schließlich war auch Karl Winnacker, der dominierende Mann bei der Neugründung der „Farbwerke Hoechst AG", schon in der I.G. Farbenindustrie AG für einen Posten im Vorstand vorgesehen gewesen. Er brachte seine Gewohnheiten und seine Visionen aus diesem Unternehmen mit. Den Verhältnissen in Höchst entsprachen bei ihrer Gründung die BASF in der französischen und die Bayer AG in der englischen Zone. Die übrigen deutschen Werke der I.G. Farbenindustrie AG befanden sich in der damaligen „Sowjetzone" bzw. „DDR".

Der Schwerpunkt des neuen Konzerns lag im Rhein-Main-Gebiet, wo das Werk Höchst der größte und durch den Sitz der Unternehmensleitung auch der mit Abstand wichtigste Standort der neuen „Farbwerke Hoechst AG" war. Hinzu kamen hier die Werke bzw. Tochtergesellschaften Griesheim, Offenbach, Kalle in Wiesbaden und sehr viel später noch im Jahr 1964 die Chemischen Werke Albert in Wiesbaden sowie 1970 die Cassella in Frankfurt a. M.-Fechenheim. In Bayern bildete sich mit der alten Fabrik in Gersthofen und den Werken in Bobingen und später in Meitingen ein weiterer Schwerpunkt rund um Augsburg. Außerdem kam noch das abgelegene Gendorf an der österreichischen Grenze hinzu. Von einem Chemieverbund konnte aber im Gegensatz zu dem homogenen Ludwigshafen/Oppau der BASF und den nahe beieinander liegenden Werken Leverkusen, Dormagen, Uerdingen und Elberfeld der Bayer AG am Niederrhein im neuen Hoechst-Konzern keine Rede sein. Diese Verteilung der Standorte und die daraus resultierende interne Logistik waren langfristig gesehen ein schweres Hindernis für die Entwicklung und die Struktur des neuen Unternehmens. Aber das wurde damals nicht so gesehen. Man war froh, die vielfach durch Bomben und Demontage schwer beschädigten Werke wieder zum Laufen und die Menschen in Arbeit zu bringen. Ein weiterer Nachteil beim Start des neuen Unternehmens war die fehlende eigene Verkaufsorganisation, ein Erbe aus der Aufteilung der I.G. Farbenindustrie AG. Auch hier wurde dem dezentral aufgestellten Unternehmen große Anstrengungen abverlangt, um am Markt in Erscheinung treten zu können.

Zum Wachstum im Inland gesellte sich ab den sechziger Jahren ein erheblich verstärktes Engagement auf den wichtigsten Märkten der Welt. Den Anfang machte schon im Jahr 1950 das Nachbarland Frankreich, wo man allerdings mit Blick auf die nicht lange zurück liegende Kriegszeit die erste Niederlassung etwas verschämt zunächst unter dem Namen „Peralta" (lat.: nach oben) gründete. In den Jahren 1968 bis 1974 kam der schrittweise Erwerb der Mehrheit bei dem führenden französischen Pharmaunternehmen Roussel-Uclaf in Paris zustande, wodurch Hoechst einen Partner mit hervorragenden Perspektiven gewann. Heute sind diese früheren Unternehmen Teil der sanofi-aventis S.A., die im Industriepark Höchst ihre größte deutsche Niederlassung mit hochmodernen Forschungs- und Produktionseinrichtungen betreibt. Ab 1954 wurden auch die ersten Vertriebs- und Produktionsgesellschaften in den USA gegründet. Es sollte allerdings bis zur Großakquisition der Celanese Corporation 1986/87 dauern, bis Hoechst in den USA eine nennenswerte Marktpräsenz erreichte. Die Auslandsinvestitionen, die letztlich in allen Erdteilen getätigt wurden, hatten auch für die Entwicklung des Standorts Höchst große Bedeutung. Nur dadurch wurde der Ausbau des alten Stammwerks nach modernen Maßstäben gewährleistet.

NEUE ROHSTOFFE, NEUE PRODUKTE

Das Jahrzehnt nach dem Ausbruch des zweiten Weltkriegs hatte auch die chemische Industrie nachhaltig verändert. Das Erdöl und seine Folgeprodukte, allen voran das Ethylen, hatten im internationalen Maßstab die Kohle als den wichtigsten Grundstoff der Chemieproduktion abgelöst. In Deutschland, das praktisch keine eigene Erdölversorgung besaß, machte sich diese Veränderung, auch bedingt durch die Kriegszeit, erst zu Beginn der fünfziger Jahre bemerkbar. Aber nun begann hier wie überall das Zeitalter der Petrochemie. Das galt auch für die Farbwerke in Höchst.

Die Umstellung von der Kohle auf den Rohstoff Erdöl war zwar nicht über Nacht zu bewerkstelligen, kennzeichnete aber gerade am Standort Höchst die Investitionen der fünfziger Jahre. Der Abschied vom Acethylen auf Kohlebasis konnte wegen der darauf basierenden Produktpalette nur in Schritten vollzogen werden. Zum Wahrzeichen des Standorts Höchst wurde die 1956 in Betrieb genommene Erdölspaltanlage, der „Koker", die neben Koks für die Elektrodenherstellung auch Propylen, Butylen und das dringend benötigte Ethylen für die Herstellung des Kunststoffs Niederdruckpolyethylen erzeugte. Unter dem Namen „Hostalen" wurde das Niederdruckpolyethylen, das nach einem 1952 von dem Nobelpreisträger Karl Ziegler entwickelten Verfahren hergestellt wurde, zu einem der Erfolgsprodukte der Höchster Petrochemie. Gewaltige Summen wurden anschließend ab 1958 in den Aufbau der „Hochtemperaturpyrolyse" (HTP) investiert, die neben dem Ethylen auch das weiterhin noch benötigte Acethylen zu liefern vermochte. Diese Technologie wurde jedoch durch die Entwicklung am Weltmarkt überholt: In den folgenden Jahren wurde das Ethylen so preiswert, dass es für die „Farbwerke Hoechst AG" wesentlich rentabler war, ab 1963 die Erdölspaltprodukte über eine Pipeline von der nahe gelegenen, eigens zu diesem Zweck errichteten Caltex-Raffinerie in Raunheim zu beziehen. Eine weitere Großinvestition der fünfziger Jahre war eine Anlage zur Trennung von schwerem und leichtem Wasserstoff für die Zwecke der damals entstehenden Atomindustrie. Sie wurde zwar nach Überwindung großer technischer Schwierigkeiten 1958 in Betrieb genommen, erwies sich aber rasch als überholt und erfüllte die in diese Investition gesetzten Hoffnungen nicht.

Stürmisches Wachstum kennzeichnete die fünfziger und sechziger Jahre. Unter dem neuen, zwischen 1947 und 1951 gestalteten Firmenzeichen von Turm und Brücke begann nun eine Periode in der Geschichte der „Farbwerke Hoechst", die erst von dem Wiedererscheinen von Hoechst auf dem deutschen Markt, dann von der zielstrebigen Einreihung unter die bedeutendsten Chemie- und Pharmaunternehmen der Welt gekennzeichnet ist. Die Einweihung der mit Geldern aus dem Marshall-Plan erbauten Penicillin-Anlage im Jahr 1950, die in der Lage war, den gesamten deutschen Markt zu versorgen, war gleichsam der Startschuss noch vor der eigentlichen

DAS VERKAUFSHOCHHAUS C 660, *1954-55 errichtet und 1961 nach Norden verlängert, war bis zu seinem Abriss im Jahr 2003 der natürliche Zielpunkt zwischen Tor Ost und dem Ende der Brüningstraße.*

Neugründung des Unternehmens im folgenden Jahr. Neue Arbeitsgebiete wurden betreten. Die Entwicklung der Kunststoffe von unvollkommenen Ersatzstoffen zu hochwertigen Werkstoffen mit Eigenschaften, wie sie die Natur nicht bieten kann, eröffnete ungeahnte Perspektiven. Im Faserbereich entwickelte sich „Trevira“ zu einem hochwertigen Markennamen, der von der extravaganten Mode bis zu hochfesten, extrem belastbaren Industriefasern mit vielen Anwendungsgebieten verbunden ist. Die zahlreichen „Hosta“-Produkte kennzeichneten eine breite Palette hochwertiger Werkstoffe und Rohmaterialien für Gebrauchsgüter des täglichen Bedarfs, ohne die unser Leben kaum noch vorstellbar ist.

DER SPRUNG ÜBER DEN MAIN

Mit den Bauarbeiten an der älteren Brücke über den Main, der ersten privaten Brücke über eine öffentliche Wasserstraße in Deutschland, begann am 1. Juni 1959 die Erschließung des Geländes auf der südlichen Mainseite. Zugleich wuchsen dort die ersten Laboratorien und Technika des neuen Forschungszentrums in die Höhe. Ein gutes Jahr später, im September 1960, waren das Hauptlaboratorium und die Mainbrücke, für mehr als ein Jahrzehnt die wichtigste Verbindung zwischen den beiden Werksteilen, fertig gestellt. Die neuen Betriebseinrichtungen konnten sich hier, in Fortsetzung des Rasterplans der Zeit vor dem zweiten Weltkrieg, nach modernsten Konzeptionen ungehindert entfalten. Mit der Einbeziehung der südlichen Mainseite in den Verbund des Werkes Höchst eröffneten sich dem Standort für weitere Jahrzehnte glänzende Perspektiven. Der ab 1966 angelegte Südhafen, die diesem benachbarte hochmoderne Schwefelsäurefabrik, die zweite Werksbrücke mit Bahnanschluss von 1972 und schließlich im Jahr 1987 der neue Zugang am Tor Süd und die damit einhergehende Verbesserung des Güterumschlags prägen das Gesicht des Industrieparks Höchst bis heute. Hier befinden sich ausgedehnte Freiflächen, die nicht zuletzt wegen der Anbindungen an die Infrastruktur des Industrieparks, aber auch der kurzen Wege zum Frankfurter Flughafen zur Ansiedlung neuer Unternehmen geradezu einladen.

Nach Beginn der Erschließung des neuen Werksgeländes auf der südlichen Mainseite kam es zwischen 1959 und 1965 auch zum Abschluss der schon vor dem zweiten Weltkrieg begonnenen Neustrukturierung des Standortes Höchst. Der Rasterplan der dreißiger Jahre wurde konsequent weiter geführt. Dabei wurden durch den Bau einer neuen Ost-West-Achse anstelle der alten Mainzer Chaussee besonders die während des zweiten Weltkriegs in ungeordneter Weise gewachsenen Werksanlagen zwischen dem heutigen Kraftwerk und Sindlingen in die Infrastruktur der Fabrik einbezogen. Nun erst verschwanden die alten, seit 1880 gebräuchlichen Gebäudebezeichnungen, die zuweilen in verblassten Lettern noch heute an einigen älteren Gebäuden im Industriepark zu lesen sind: Ch für Chemie, F für Farbenfabrik, G für Gasfabrik und A für Anilin- und Alizarinfabrik. Diese ergaben, bezogen auf die in diesen Gebäuden angesiedelten Produktionen und Funktionen, schon lange keinen Sinn mehr und wurden durch die noch heute gültigen Bezeichnungen im Rasterplan, Buchstaben von Nord nach Süd, Zahlen von Ost nach West, ersetzt. Der Rasterplan und die daraus abgeleiteten Gebäudenummern ermöglichen in Verbindung mit dem rechtwinkligen Straßennetz im Industriepark Höchst eine problemlose und schnelle Orientierung.

Als sich die „Farbwerke Hoechst AG vormals Meister Lucius & Brüning" 1974 den neuen Namen „Hoechst Aktiengesellschaft" gaben, war dies mehr als nur die praktische Modernisierung eines etwas umständlich geratenen Firmennamens. Auf einem langen, von Risikobereitschaft und Erfolg begleiteten Weg war aus der Neugründung von 1951 zuerst ein großes deutsches Unternehmen der chemischen Industrie mit weltweiten Aktivitäten, nun aber ein Weltunternehmen mit Sitz in Deutschland geworden. Der einstige Exporteur hochveredelter Produkte hatte sich zum weltweit arbeitsteiligen Unternehmen mit Forschung und Entwicklung, Produktion und Vertrieb in vielen Ländern der Erde gewandelt.

Ein Industrieunternehmen ist kein abstraktes Gebilde. Es stellt sich durch die Leistungen seiner Mitarbeiter dar. Deshalb war eine gute Sozialpolitik immer ein unverzichtbarer Bestandteil der Unternehmenskultur in Höchst. In den Anfängen der Sozialpolitik der „Farbwerke" im 19. Jahrhundert war noch das patriarchalische Versorgungsdenken des „Fabrikherren" vorherrschend. An der Tradition guter Sozialleistungen für die Mitarbeiter hat sich bis heute nichts geändert, wohl aber die Art dieser Leistungen. Infraserv Höchst hat als Betreiberin des Industrieparks Höchst viele der früheren Sozialleistungen in modernisierter und den heutigen Verhältnissen angepasster Form fortgeführt. Gleichzeitig haben neue Tarifstrukturen, Fortbildungsmöglichkeiten und Maßnahmen der Personalentwicklung alte Strukturen aufgebrochen und einer Vielzahl von Mitarbeitern neue berufliche Chancen eröffnet. Auch die Sozialpolitik musste sich wandeln, um den Anforderungen der Zukunft begegnen zu können.

Zu Beginn der siebziger Jahre wurden die „Farbwerke Hoechst AG" auch in ihrer Organisation den Erfordernissen einer modernen Unternehmensstruktur angepasst. Eine Nachwirkung der längst vergangenen I.G.-Zeit war die noch immer bestehende Aufteilung der Arbeitsgebiete und Geschäftsfelder in Sparten. Die nunmehr vorgenommene Neuordnung in Geschäftsbereiche und Ressorts gab diesen eine größere

DIE NORDSEITE *der Fabrik wurde seit 1925 über Jahrzehnte hinweg von dem großen expressionistisch anmutenden Düngemittelsilo geprägt. Nach Aufgabe der Düngemittelproduktion in Höchst wurde das Bauwerk 1987 abgerissen.*

Beweglichkeit und damit die Chance, schneller auf die Anforderungen der Märkte zu reagieren, barg aber auch die Gefahr einer Aufblähung der Verwaltung und der damit einhergehenden Bürokratisierung.

NEUE KRISEN

Die neue Organisationsstruktur musste sich alsbald bewähren. In der Faserkrise der siebziger Jahre als Folge der Ölkrisen von 1973 und nochmals 1980 bedurfte es erheblicher Anstrengungen, um diesen Unternehmensbereich wieder in die Erfolgsspur zurück zu führen. Auch andere Geschäftsbereiche standen plötzlich vor bisher nicht wahrgenommenen Problemen. Die erste Hälfte des folgenden Jahrzehnts war von konjunkturellen Rückschlägen und Absatzproblemen gekennzeichnet. Dabei machten sich erste Versäumnisse bei der Definition neuer Arbeitsgebiete und eine nicht immer klare strategische Neuausrichtung ebenso bemerkbar wie staatliche Überregulierung bis hin zur massiven Behinderung bei der gentechnischen Forschung und Produktion. Erst Ende der achtziger Jahre stellte sich der Unternehmenserfolg in Form von guten Umsatz- und Gewinnziffern wieder ein. Gleichwohl befand sich der Hoechst-Konzern in keiner guten Verfassung. Man war für die Zukunft, die sich mit dem Fall der wirtschaftlichen Barrieren weltweit ankündigte, nicht hinreichend gerüstet. Die deutsche Sonderkonjunktur nach dem Fall der Mauer und der Wiedervereinigung ab 1989 verdeckte eher die Probleme, als dass sie den schlafenden Riesen Hoechst wach rüttelte.

Glänzende Bilanzen und hohe Gewinne sind keine Selbstläufer und Garanten für die Zukunft. Die in mehr als einhundert Jahren gewachsenen Unternehmen stehen weltweit volkswirtschaftlich sich rasch verändernden Rahmenbedingungen gegenüber. Diesen müssen sie sich in einem fortlaufenden Prozess möglichst so anpassen, dass sie nicht nur passiv reagierend, sondern aktiv gestaltend die Weichen für die Zukunft des Unternehmens, seiner Eigner und seiner Mitarbeiter stellen. Bei immer kürzer werdenden Innovationszyklen, gleichzeitig aber langen Entwicklungszeiten für neue Produkte, bei regelmäßig wiederkehrenden konjunkturellen Krisen müssen gerade schwerfällige Organisationen, wie dies weltweit tätige Großunternehmen mit großen Verwaltungsapparaten ihrer Natur nach sind, in eine permanente Restrukturierung eintreten, um schnell und mit den richtigen Produkten den Anforderungen der Märkte und Kunden genügen zu können. Mit dem „Aufbruch ´94" begann im April 1994 die umfassendste Neuordnung der Hoechst AG in ihrer langen Geschichte. Mit dem „Aufbruch ´94" beginnt auch die Geschichte des Industrieparks Höchst.

HOECHST
FARBWERKE HOECHST AG
TOR WEST

DIE FERTIGSTELLUNG VON TOR WEST *und der Ost-West-Achse im Jahr 1956 schloss die schon in den dreißiger Jahren begonnene Neuordnung des älteren Teils der Fabrik ab. Deren Struktur in Form von Werksstraßen und Betriebsflächen besteht im wesentlichen noch heute. Das ältere Tor an der Gustavsallee verlor als Werkszugang von Sindlingen her seine einstige Bedeutung und wurde nur noch von Fußgängern und Radfahrern genutzt. Die Expansion des Standorts war damit jedoch noch nicht zu Ende. Wenige Jahre später sollte dann die Erschließung der südlichen Seite des Mains ihren Anfang nehmen.*

F·AH 288

KO KAFF

DEN WEG ZUR ARBEIT *legten viele Mitarbeiter zu Fuß zurück. Die meisten nutzten die öffentlichen Verkehrsmittel. Seit 1963 führten breite Zugangswege direkt vom Bahnhof Höchst zu den Toren an der Ostseite der Fabrik. Noch lange fuhren auch die öffentlichen Omnibusse bis zum Verkaufshochhaus C 660. Bis zur Abschaffung des „Salzbähnchens" 1958 war jedoch am Tor Ost regelmäßig eine Wartepause fällig (oben). Die Motorisierung der sechziger Jahre wurde am alten Leuna-Kreisel augenfällig, vom Vertreter der Staatsgewalt jedoch unnachsichtig in geordnete Bahnen gelenkt.*

DIE FÜNFZIGER JAHRE, *anfangs noch unter US Administration, sahen am Standort Höchst unter dem alten Namen ein völlig neues Unternehmen entstehen. Der gestaltende Kopf war der Vorsitzende des Vorstands, Karl Winnacker (rechts), hier mit Oberbürgermeister Walter Kolb (links) und dem Höchster Magistratsmitglied Alois Brisbois. Die Betriebe und Labors hatten vor allem die Umstellung auf neue Grundstoffe der Petrochemie sowie Vor- und Zwischenprodukte zu meistern.*

DIE MODERNISIERUNG *des Standortes ab den fünfziger Jahren umfasste alle Bereiche. Von der Messwarte D 250 (ganz oben) waren nun die Abläufe in der Produktion zentral zu steuern und zu überwachen. 1957 wurde der erste Computer, die Großrechenanlage „IBM 705" (oben) in Betrieb genommen. Mit der Schwerwasseranlage von 1958 (rechts) versuchte man, zum Lieferanten für die neue Atomtechnologie zu werden. Sichtbares Wahrzeichen für die neue petrochemische Rohstoffbasis aber war der Koker, die 1956 in Betrieb genommene Erdölspaltanlage (rechte Seite) – über zwei Jahrzehnte hinweg ein Wahrzeichen des Standorts Höchst.*

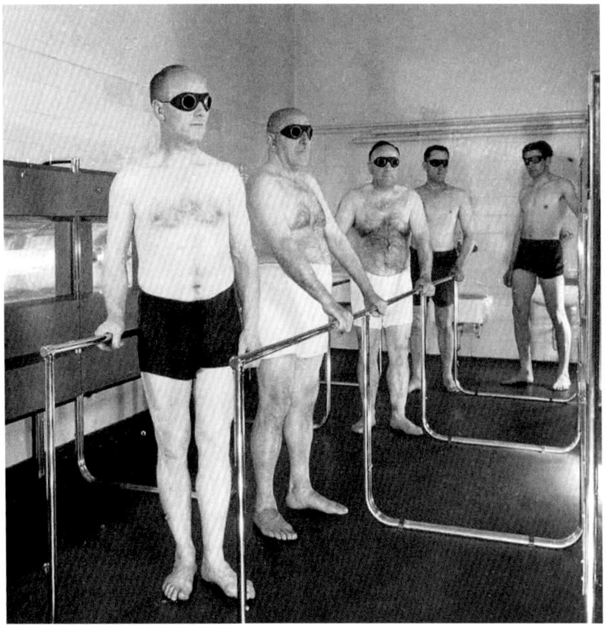

DAS WOHL DER MITARBEITER
lag dem Unternehmen auch weiterhin am Herzen. Medizinische Versorgung und Hygiene am Arbeitsplatz gingen dabei Hand in Hand. Aber auch das leibliche Wohl wurde nicht vernachlässigt. Geistige Nahrung wurde bei Veranstaltungen und Konzerten in der alten Festhalle geboten. In zeittypischer Weise hielten auch in die Kantinen Automaten für Speisen und Getränke Einzug.

KANTINE
KANTINE
KANTINE

GESCHLOSSENE SYSTEME
waren in den nach dem 2. Weltkrieg neu konzipierten Anlagen, wie hier im Penicillin-Betrieb (links), eine Selbstverständlichkeit. Dennoch waren, wie in den alten Chlorbetrieben (rechts), noch viele Tätigkeiten sorgfältig von Hand zu leisten.

RISIKEN *in der Chemieproduktion sind allgegenwärtig, haben jedoch am Standort Höchst nur selten zu Katastrophen geführt. Der am 2. März 1961 im Düngemittellager ausgebrochene Großbrand war spektakulär, führte jedoch zum Glück nur zu geringen Schäden. Die Werkfeuerwehr, in vorbildlicher Weise von deutschen und amerikanischen Wehren unterstützt, bekam den Brand in wenigen Stunden unter Kontrolle. Für die Schulkinder war es damals dennoch ein langer Tag: Sie durften erst nach Hause, nachdem die letzten Brandwolken niedergeschlagen waren.*

DER SPRUNG ÜBER DEN MAIN *fand mit dem Beginn der Bauarbeiten für das neue Forschungszentrum (rechte Seite) am 1. Juni 1959 statt. Musste zunächst noch das Motorboot die Verbindung zu den neuen Werksteilen gewährleisten (links), so war nach der Einweihung der alten Werksbrücke am 27. September 1960, der ersten „privaten" Brücke über eine öffentliche Wasserstraße in Deutschland, der Erschließung des neuen Werksgeländes keine Schranke mehr gesetzt. Auch heute gibt es hier noch große Freiflächen für die Ansiedlung neuer Unternehmen.*

DIE RASANTE ENTWICKLUNG *der Südfabrik erforderte schon zehn Jahre später den Bau einer zweiten Brücke. Die von dem Architekten Fremery gestaltete Brücke für den Straßen- und Schienenverkehr konnte bereits am 15. Dezember 1972 eingeweiht werden. Die an Stahlseilen aufgehängte Zugbrücke war eine der ersten ihrer Art in Europa und wurde, bisweilen als „Harfe" bezeichnet, zu einem weiteren und weithin sichtbaren Wahrzeichen des Industriestandorts Höchst.*

EINE ZEITGEMÄSSE BERUFSAUSBILDUNG *im 1962 eingeweihten und 1966 großzügig erweiterten Ausbildungszentrum schuf die Voraussetzung für eine umfassende Qualifizierung auf zahlreichen Berufsfeldern. Mittlerweile hat sich das Tochterunternehmen Provadis der Infraserv Höchst zu einer flächendeckenden Aus- und Fortbildungseinrichtung mit eigener Hochschule gewandelt. Das 1986 in Betrieb genommene Computer-Lernzentrum gehört ebenso dazu wie eigene Technika und Werkstätten.*

DER MAIN *ab der hessischen Landesgrenze war in früheren Zeiten erheblichen Belastungen durch Kommunen und die Industrie ausgesetzt. Zwar benötigt die chemische Industrie für den Betrieb ihrer Anlagen immer noch große Mengen an Wasser; die Zeiten, da der Fluss als nahezu tote Kloake an Höchst vorbei floss, sind jedoch längst ferne Vergangenheit. Seit dem Ende der siebziger Jahre haben moderne biologische und mechanische Kläranlagen, strenge Abwasserkontrollen und permanente Analysen der Wasserqualität dem Fluss seine Lebensqualität zurück gegeben. Längst sind die Fische zurückgekehrt und die Badewasserqualität ist fast erreicht. Chemische Industrie und saubere Gewässer sind in Höchst keine Gegensätze mehr.*

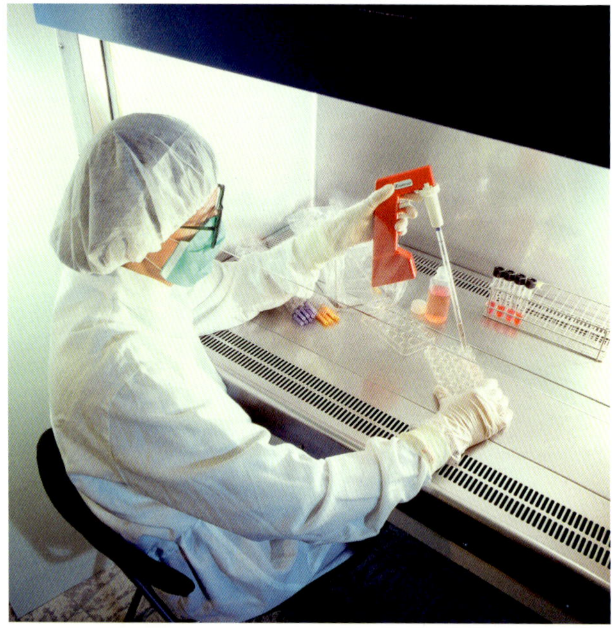

DIE ENTWICKLUNG *der achtziger Jahre veränderte, zunächst langsam, dann in rasendem Tempo, die Arbeitsbedingungen in Forschung und Produktion am Standort Höchst. Bio- und Gentechnologie drängten die alte Synthese-Chemie zurück, der Computer hielt in den Labors und in den Büros Einzug. Neue Verbindungen entstehen nun nicht mehr nur im Reagenzglas, sondern auch am Computer. Reinraumtechnik und hochempfindliche Analysegeräte prägen den Alltag der Forschung.*

DIE KLÄRSCHLAMM-VERBRENNUNGSANLAGE
ist ein wichtiger Betrieb im Kreislauf der Entsorgungseinrichtungen im Industriepark Höchst.

IDEENPARK

Von der Hoechst AG zum Industriepark Höchst

Auf der Hauptversammlung der Hoechst AG am 26. April 1994 übernahm Jürgen Dormann als Nachfolger von Wolfgang Hilger den Vorsitz des Vorstands der Hoechst Aktiengesellschaft. Kurz darauf wurden die Leitgedanken des „Aufbruch '94" verkündet. Das hieß für Hoechst vor allem, die riesige Organisation von rund 170.000 Mitarbeitern weltweit so zu vereinfachen, dass durch Dezentralisierung, Transparenz und kürzere Entscheidungswege eine erhebliche Steigerung der Flexibilität, der Produktivität und eine verbesserte Überschaubarkeit aller Tätigkeiten im Unternehmen möglich wurde. Eine verstärkte Marktorientierung, Kundennähe, die Verkleinerung der Administration und eine intensivierte Vernetzung und Kommunikation nach innen und außen wurden nicht als einmalige Maßnahmen, sondern als ein fortlaufender Prozess mit dem Ziel einer permanenten Erneuerung des Unternehmens in Gang gesetzt. Auch die Bewertung von

Hoechst am internationalen Kapitalmarkt war völlig unzureichend. Es galt also, den Wert des Unternehmens nachhaltig zu steigern. Hinzu kam eine entschiedene Fortsetzung der Internationalisierung des Unternehmens mit einer besonderen Ausrichtung auf die aufstrebenden asiatischen Märkte.

EIN UNTERNEHMEN IM WANDEL

Der bereits 1987 erfolgte Erwerb der amerikanischen Celanese und die anschließende Bildung der Hoechst Celanese Corporation hatten die Position von Hoechst im amerikanischen Markt zwar verbessert, dies war jedoch nur ein erster Schritt. Mit dem Kauf des amerikanischen Pharmaunternehmens Marion Merrell Dow wurde dann 1995 die umfangreichste Neuordnung des Beteiligungsportfolios von Hoechst in seiner langen Geschichte eingeleitet. Jürgen Dormann hatte bei seinem Amtsantritt klare Vorgaben formuliert: Konzentration auf die Kernarbeitsgebiete Pharma, Agrochemie und Industrielle Chemie, Stärkung der Position in den wichtigsten Märkten und Wachstumsregionen in Nordamerika, Europa und Asien sowie Ausstieg aus den Arbeitsgebieten, in denen Hoechst nicht zu den führenden Anbietern weltweit gehörte. Vor allem aber war Dormanns Strategie dem Geschäftsfeld Pharma, der Bio- und Gentechnologie gewidmet. Die letztlich erstrebte Wandlung von Hoechst zum reinen Life-Science- bzw. Pharma-Unternehmen war seit den ersten Sondierungen in der Branche 1994 vorgezeichnet.

Es folgten Verkäufe von Beteiligungsgesellschaften und Arbeitsgebieten, andere wurden zur Stärkung des Kerngeschäftes auf die Hoechst AG konsolidiert. Eine der wichtigsten Maßnahmen in diesem Prozess war 1996/97 die Ausgliederung der Spezial- und Feinchemikalien in die schweizerische Clariant AG, an der Hoechst zunächst noch beteiligt blieb. Die erste Phase im Umbau des Hoechst-Konzerns endete 1997 mit der vollständigen Übernahme aller Aktien der französischen Pharmabeteiligung Roussel-Uclaf und der anschließenden Bildung des reinen Pharmaunternehmens „Hoechst Marion Roussel“ (HMR) unter dem Dach der Hoechst AG, die gemäß Beschluss der Hauptversammlung 1997 in eine „Strategische Management Holding“, eine Konzerngesellschaft, die kein eigenes operatives Geschäft mehr führt, umgewandelt wurde.

DIE GEBURT DER INDUSTRIEPARKS

Diese Änderung der strukturellen Rahmenbedingungen im Hoechst-Konzern bedingte auch die endgültige Umwandlung der bisherigen Werke in ganz neuartige Industrieparks. Diese neue Ausrichtung brachte auch in Höchst die Einbringung der Werksinfrastruktur in eine rechtlich selbständige Standortbetreibergesellschaft mit sich: die Geburtsstunde von Infraserv Höchst im Jahre 1997.

Die Einführung der Aktien des Hoechst-Konzerns an der New York Stock Exchange unterstrich noch einmal dessen Weiterentwicklung von einem deutschen Unternehmen mit weltweiten Aktivitäten zu einem wirklichen Global Player. Den Abschluss bildete 1999 die Abspaltung des verbliebenen Chemiegeschäfts in der Celanese AG, wodurch die konsequente Ausrichtung auf die Life Sciences abgeschlossen war.

Die Hauptversammlung der Hoechst AG am 15. Dezember 1999 leitete das Ende der Hoechst AG als eigenständiges Unternehmen ein. Auf Beschluss der Aktionäre schloss sich die Hoechst Aktiengesellschaft mit dem französischen Unternehmen Rhône-Poulenc zur Aventis S.A. zusammen. Die Aventis war als eine global agierende Unternehmensgruppe konzipiert, die einen wesentlichen Teil ihrer Wurzeln in Deutschland und Frankreich hatte. Es handelte sich um ein Unternehmen, das sich bei seiner Gründung den Life Sciences mit den Schwerpunkten Pharma und Agro-Produkte verschrieben hatte. Das bei der Fusion vorgestellte Konzept eines europäischen Life-Science-Unternehmens wurde jedoch nur zum Teil verwirklicht. Schon 2001 wurden alle Geschäftsfelder des Unternehmensbereiches Crop Sciences an die Bayer AG verkauft; Aventis wurde zu einem reinen Pharmaunternehmen mit ca. 78.000 Mitarbeitern und einem Umsatz von 16,8 Milliarden Euro. Gleichwohl sollte sich die Aventis S.A. als eine kurze Episode erweisen. Im Januar 2004 kündigte überraschend die französische Pharma-Unternehmensgruppe Sanofi-Synthélabo ein Angebot zur Übernahme der Aventis an. Nach längeren und schwierigen Verhandlungen einigten sich beide Seiten im April 2004 auf eine Vereinigung zu einem Unternehmen nach französischem Recht, die dann in der zweiten Hälfte des Jahres 2004 vollzogen wurde. Es entstand das drittgrößte Pharmaunternehmen weltweit und das größte seiner Art in Europa. Ein neuer Global Player war entstanden. In Deutschland ist dessen größter Standort der Industriepark Höchst.

NEUE STRUKTUREN

Die Verwandlung der Hoechst AG bot auch der alten Zentrale dieses Konzerns, dem Standort Höchst, neue Chancen. Das Bestreben Jürgen Dormanns, dezentrale und operativ eigenständige Einheiten zu schaffen, bezog auch die Werke des Unternehmens in den Umstrukturierungsprozess mit ein. Dabei gab es am Anfang keineswegs schon einen genauen Fahrplan oder gar ein bereits existierendes Modell für die Bildung des zukünftigen Industrieparks in Höchst. Dem Standort kam bei der Entwicklung seiner neuen Struktur eine Pionierrolle zu, von der man schon jetzt im Rückblick sagen kann, dass sie erfolgreich gemeistert wurde.
Die neuen Betriebsstätten waren zunächst zwangsläufig ein Ergebnis des Konzeptes selbständiger und eigenverantwortlicher Betriebseinheiten. Manches musste ausprobiert, viele betriebliche Abläufe völlig neu entwickelt werden. Entschieden war im März 1994 nur, dass das Werk Höchst, wie später auch andere Betriebsstätten, eine selbständige Einheit unter dem Dach des Hoechst-Konzerns werden sollte.

Diesen Prozess in Gang zu setzen war die Aufgabe des am 1. Juli 1994 ernannten Werksleiters und später ersten Geschäftsführers von Infraserv Höchst, Dr. Alexander Dahmen, für den bis dahin als Leiter des Geschäftsbereichs Fasern der Hoechst AG tätigen Manager und sein Team eine ganz neue Herausforderung. Es galt eine Vorstellung zu entwickeln, nach welcher der zukünftige Industriepark Höchst in seiner Organisation und Struktur zu konzipieren war. Zeit war allerdings nicht zu verlieren, der Prozess der Umwandlung der Hoechst AG vollzog sich in einem sehr kurzen Zeitraum und in schnellen Schritten. Es bedurfte eines völlig neuen unternehmerischen Konzeptes. Mit anderen Worten: Die Struktur des Industrie-

DIE AB 1981 ERRICHTETEN BIO-HOCH-REAKTOREN *der biologischen Kläranlage im Westteil des Industrieparks gewährleisten seither eine umfassende Reinigung der Abwässer des Standorts.*

parks Höchst musste nach 1994 erst noch ge- und erfunden werden. Konzeptionell mitgestaltet wurde dieser Prozess im Rahmen der Neustrukturierung des Hoechst-Konzerns ab Anfang 1996 durch eine bei der Leitung des Unternehmens angesiedelte Arbeitsgruppe unter der Verantwortung von Jürgen Vormann, der einige Jahre später als Vorsitzender der Geschäftsleitung von Infraserv Höchst in die Fußstapfen von Dr. Dahmen treten sollte.

Elementarer Bestandteil dieses Konzeptes war die Bildung einer Standortbetreibergesellschaft, welche die hier ansässigen Geschäftsbereiche und Unternehmen mit Strom, Wasser und Dampf versorgte, Entsorgungsleistungen erbrachte und sich um das gesamte Industrieparkmanagement inklusive seiner Flächen, Straßen und Gebäude sowie die Sicherheit kümmerte. Außerdem mussten Umweltschutz- und Gesundheitsleistungen sowie Logistik und Aus- und Weiterbildung angeboten werden.

Die bereits am Standort ansässigen Firmen waren nun Partner und Kunden des neuen Unternehmens. Gleichzeitig wurden die größten und bedeutendsten operativen Standortgesellschaften in der neuen Struktur auch zu Anteilseignern von Infraserv Höchst. Das gilt zunächst für die Celanese, die erst 1999 anlässlich der Fusion zwischen Hoechst und Rhône-Poulenc zur Aventis S.A. aus dem Konzernverbund ausschied, und gleichermaßen für die Clariant, die 1996/97 das Arbeitsgebiet Spezial- und Feinchemikalien von der Hoechst AG übernahm und die Betriebe am Standort weiter führte. Auch die in der Hoechst Marion Roussel zusammengefassten Pharma-Aktivitäten, Teile der heutigen sanofi-aventis S.A., wurden mit diesem Unternehmen ebenfalls zu einem Anteilseigner von Infraserv Höchst. Ebenso die Basell, die u.a. aus dem ehemaligen Bereich Kunststoffe der Hoechst AG hervorgegangen war.

Insgesamt waren es fast 40 Firmen, die aus der alten Hoechst AG heraus in eine neue Zukunft eintraten. Sie alle benötigten nun die Dienstleistungen des Standortbetreibers Infraserv Höchst.

Das war natürlich nicht innerhalb eines kurzen Zeitraumes möglich. Vom ersten Tag an war sich das verantwortliche Management-Team darüber im Klaren, dass der Industriepark für fremde Firmen geöffnet werden sollte. Die Vorteile der Neuorientierung waren offenkundig. Die Umlage von Gemeinkosten, z. B. für Straßen, Flächen und Sicherheit, auf mehrere Nutzer erlaubte es, die Kosten für die einzelnen Firmen nachhaltig zu senken. Die Wandlung vom werksinternen Versorger zum Dienstleister allein war schon deutlich mehr als ein bloßer Paradigmenwechsel. Die einseitigen Vorschriften und Anordnungen aus der Hierarchie der Hoechst AG wurden nun von der Orientierung auf die Wünsche und den Bedarf der Kunden abgelöst. Der Namenswechsel vom Stammwerk Hoechst zum Industriepark Höchst war zunächst nur ein Zeichen nach außen. Alle, die dem ab jetzt in der Entstehung begriffenen Unternehmen zugeordnet waren, mussten eine völlig neue Mentalität und entsprechende Verhaltensweisen entwickeln. Aus Kollegen in benachbarten Betrieben waren nun Kunden unter dem Dach neuer Firmen geworden. An die Stelle eines budgetierten innerbetrieblichen Leistungsaustauschs trat die Vermarktung von Produkten und Services, die nach Qualität und Preis bemessen wurden und die im Wettbewerb mit anderen Dienstleistern am Markt bestehen mussten.

DIE FUSION VON HOECHST UND RHÔNE-POULENC *zur Aventis S.A. im Jahr 1999 konnte nach mehr als einem Jahr intensiver Verhandlungen vollzogen werden. Das Bild zeigt Jürgen Dormann, den Vorsitzenden des Vorstands (rechts), und Vorstandsmitglied Günter Metz von Hoechst (links) sowie Jean-Marc Bruel von Rhône-Poulenc während dieser Gespräche im Frühjahr 1997.*

KUNDENORIENTIERUNG

Mit einer neuen Denkweise und der Kundenorientierung allein war es jedoch nicht getan. Anfangs bestand eines der schwierigsten Probleme in der Bildung von „Service Units" und in der Erstellung von Dienstleistungsvereinbarungen zu marktgerechten Bedingungen. Wie waren nach ihrer Art und Nutzung die Flächen, Gebäude und Anlagen im Industriepark mit ihren Altlasten und dem anstehenden Sanierungsbedarf zu bewerten, wie die Mietverträge zu formulieren? Wie konnte man Infrastrukturleistungen, ob Kanalisation oder Anlagensicherheit, abrechnen? Die alten internen Verrechnungspreise mit ihrer unrealistischen Preisbildung waren für die Orientierung am Markt wertlos.

Auch benötigte man zur Bewältigung dieser Aufgaben neues Personal, das sich auf die Erfordernisse des Marktes einstellte oder bereits über entsprechende Kenntnisse verfügte. Die Personalentwicklung von Infraserv Höchst musste auf neue

Füße gestellt werden. Da gleichzeitig die zahlreichen Ausgliederungen aus der Hoechst AG, in deren Konzernverbund sich der Industriepark Höchst in seiner frühesten Entstehungsphase noch befand, viele Management-Kapazitäten beanspruchten, waren die Ressourcen auf dem Personalsektor zwischenzeitlich sehr knapp.

Angesichts dieser schweren Bedingungen in der Entstehungszeit können sich die Leistungen des Gründerteams von Infraserv Höchst in jeder Hinsicht sehen lassen. Auch die Beziehungen zum Umfeld im Frankfurter Stadtteil Höchst und den westlichen Vororten wurden nun auf eine neue, von Offenheit geprägte Basis gestellt. Die schweren Störfälle in den Werken Griesheim und Höchst der Hoechst AG zu Beginn der neunziger Jahre hatten schon damals den Aufbau einer effizienten Notfallorganisation zur Folge. Die Einrichtung der Notfallmanager als verantwortliche Ansprechpartner bei Störfällen im Jahr 1995 war nur eine von mehreren Maßnahmen. Auch der 1993 gegründete „Gesprächskreis Höchster Nachbarn" wurde als eine gemeinsame Gesprächsplattform geschaffen, auf der unterschiedliche Auffassungen oder Probleme schon im Vorfeld diskutiert und meist einer einvernehmlichen Lösung zugeführt werden konnten. Infraserv Höchst baute in seinem Verantwortungsbereich die Einrichtungen für die vorbeugende Sicherheit, die Gefahrenabwehr und die Krisenkommunikation konsequent weiter aus.

Die Aufgaben der ersten Zeit wurden so erfolgreich bewältigt, dass man ab Ende 1996 den Übergang zu eigenen operativen Aktivitäten vollziehen konnte. Mit der Erarbeitung eines Geschäftsplans für das neue Unternehmen und der Erstellung einer ersten Bilanz wurde der Entstehungsprozess nun professionell gesteuert. Gleichzeitig wurde mit dem Einbringungsvertrag zwischen der Hoechst AG und der Infraserv Verwaltungs GmbH 1996 die materielle und rechtliche Grundlage für das in der neuen Konzernstruktur von Hoechst vorgesehene Standortbetreibermodell geschaffen. Im Juli 1997, kurze Zeit nach der Umwandlung der Hoechst AG in eine „Strategische Management Holding", konnte der Geschäftsführer Dr. Dahmen der Belegschaft mitteilen: „Mit der Bildung zahlreicher juristisch selbständiger Unternehmen zur Jahresmitte 1997 ist der Industriepark Höchst Wirklichkeit geworden." Gleichwohl erfuhr der noch andauernde Transformationsprozess von der alten Werksverwaltung hin zu einer eigenständigen und handlungsfähigen Unternehmensorganisation der Infraserv Höchst keinerlei Unterbrechung.

Neue Arbeitsgebiete entstanden, andere Bereiche mussten den neuen Anforderungen angepasst werden. Mit der Übernahme eigener Personalverantwortung und der Gründung eigenverantwortlicher Divisionen für die verschiedenen Dienstleistungsfelder zum Jahresbeginn 1998 trat das Unternehmen Infraserv GmbH & Co. Höchst KG als Betreiber des Industrieparks Höchst endgültig ins Leben.

Nach dem Abschluss der eigentlichen Gründungsphase des Jahres 1997 kehrte keineswegs die Routine des Arbeitsalltags am Standort Höchst ein. Das Kind war zwar geboren und erfreute sich einer guten Gesundheit, aber es musste noch laufen lernen, um in der Konkurrenz mit Wettbewerbern und einer wachsenden Zahl von Nachahmern die Nase vorn zu behalten.

Ein nach wie vor aktuelles Ziel ist es, die Versorgung der am Standort tätigen Firmen mit Strom und Dampf zu international wettbewerbsfähigen Preisen zu gewährleisten. Dies wird durch Investitionen in neue Anlagen für die regenerative Energieerzeugung, aber auch durch die Steigerung des Energieausnutzungsgrades nach der Anschaffung einer 40 MW Gasturbine für das Heizkraftwerk für 23 Millionen Euro im Jahr 2004 erreicht.

In den nur zehn Jahren seit Gründung des Industrieparks Höchst im Jahr 1997 ist viel erreicht worden. Der Standort Höchst hat sich erfolgreich im Wettbewerb der immer zahlreicher werdenden Konkurrenten platziert, nicht zuletzt durch die Qualität der angebotenen

Dienstleistungen und die fortwährende Optimierung der eigenen Geschäftsprozesse. Der Industriepark Höchst verfügt heute über eine anspruchsvolle hoch integrierte und wettbewerbsfähige Dienstleistungsstruktur, über qualifizierte Mitarbeiter und eine eigene ausgeprägte Identität. Die Hoechst AG ist ferne Vergangenheit und als Tradition schon Teil der eigenen Historie. Die von der Betreibergesellschaft Infraserv Höchst formulierten Ziele und Visionen sind zugleich die Garanten für die Entwicklung des Unternehmens in der Zukunft: Kundenorientierung, Gewährleistung wettbewerbsfähiger Bedingungen für Forschung und Produktion unter Abwägung ökonomischer, ökologischer und sozialer Erfordernisse sowie eine kontinuierliche Personalentwicklung bei fortwährender Qualifizierung der Mitarbeiter und leistungsgerechter Bezahlung. Nur so können weiteres Wachstum und eine Verbesserung der Marktattraktivität erreicht werden. An neuen Herausforderungen in der Zukunft ist kein Mangel.

NEUES MANAGEMENT

Im September 2004 trat die von Jürgen Vormann und Dr. Roland Mohr gebildete neue Geschäftsleitung ihr Amt an. Schon unter ihrem Vorgänger, Dr. Dieter Kreuziger, hatte sich das Gesicht des Industrieparks Höchst durch die Ansiedlung neuer Firmen und zahlreiche Neubauten nachhaltig verändert. Waren vorher zunächst die inneren Strukturen neu geordnet und modernisiert worden, so begann sich der Standort nun vermehrt nach außen auf neue Firmen und Kunden hin zu orientieren. Mit dem Tandem Vormann/Mohr wurde daraus eine wirkungsvolle Strategie, die sich mit den Schlagworten Effizienzsteigerung, Fokussierung auf die Kernarbeitsgebiete und weiteres nachhaltiges Wachstum kurz und knapp umreißen lässt.
In diesem Sinne wurden u. a. Einsparungen von 55 Millionen Euro erreicht und ein kontinuierliches Effizienzsteigerungsprogramm eingeleitet, mit dem unrentable oder überflüssige Aktivitäten reduziert wurden. Die Kostensenkungen hatten auch den Vorteil, dass ein Personalabbau weitgehend vermieden werden konnte. Gleichzeitig wurden einige Servicebereiche in Tochtergesellschaften ausgelagert oder ganz verkauft, andere Arbeitsbereiche neu definiert und gezielter auf die Bedürfnisse der Kunden ausgerichtet. So wurde der große und für die Wartung und den Ausbau der Anlagen so wichtige Bereich der Werkstätten, die Technischen Services, 2005 an Reinhold & Mahla aus der Bilfinger & Berger-Gruppe verkauft. Wie in diesem Fall war es immer das Ziel, anstelle eines einfachen Verkaufs kompetente Partner zu finden, welche die Fortführung der jeweiligen Aktivitäten im Industriepark gewährleisteten.

Zu den Zielen der Infraserv-Geschäftsführung gehört es auch, das Ergebnis und damit den Wert des Unternehmens zu steigern. Auch Investitionen in die Infrastruktur, in neue Produkte und Services, zählen zu dieser Strategie. Diese Maßnahmen dienen aber vor allem dazu die Standortattraktivität und Wettbewerbsfähigkeit des Industrieparks Höchst zu steigern. Im Jahr 2007 zählt der Industriepark Höchst mit allen seinen Standortgesellschaften rund 22.000 Beschäftigte, darunter etwa 1.500 Auszubildende. Seit dem Jahr 2000 wurden von allen Standortgesellschaften umgerechnet 2,7 Milliarden Euro investiert, davon 2006 allein 390 Millionen Euro. Das ist mehr als in den Spitzenjahren der früheren Hoechst AG. Der Industriepark Höchst ist auf Wachstumskurs.

Der Erfolg der Strategie von Infraserv Höchst ist auch ablesbar an der Ansiedlung neuer Unternehmen. Weithin sichtbar zieren inzwischen die Namen und Logos von Firmen wie Bayer CropScience, Siemens, Thyssen Krupp, Solvay, Kuraray und Sandoz die Gebäude und Betriebsanlagen im Industriepark Höchst. Hinzu kommt eine Fülle von Dienstleistungen für den Standort: Catering-Unternehmen, Deutsche Post In Haus Service, Rechtsanwälte, Druckereien, Archive, Ingenieurbüros, Sprachenservice und eine eigene Hochschule. Mittlerweile sind mehr als 90 Firmen am Standort tätig. Die einst an der klassischen Chemieproduktion orientierte Fabrik hat sich grundlegend gewandelt. Ganz neue Branchen und Zukunftstechnologien siedeln sich nun im Industriepark Höchst an und nutzen sein breit gefächertes Leistungsangebot. Nicht die Größe eines Unternehmens ist dabei entscheidend, sondern sein Innovationspotential. So ist die Cardec mit ihren Aktivitäten auf der Basis des Wasserstoffs ein Beispiel für die Anwendung zeitgemäßer Technologien auf dem Gebiet der erneuerbaren Energien. Auch die Biodiesel-Anlage von Cargill, die Brennstoffzellenfertigung von PEMEAS und der Industriegase-Hersteller SOL belegen diese Entwicklung. Gerade auch kleinen, aber hoch innovativen und forschungsstarken Unternehmen bietet der Industriepark Höchst ideale Bedingungen für den Einstieg in die industrielle Produktion. Zugleich verfügt der Standort noch über genügend Freiflächen für die Ansiedlung von weiteren Betrieben der Großchemie. Rund 60 Hektar Raum für weiteres erfolgreiches Wachstum sind hier vorhanden.

Der Erfolg des Industrieparks Höchst ist ein weiterer Höhepunkt in der langen Geschichte einer Fabrik, die in der Aufbruchszeit der deutschen Industrie im 19. Jahrhundert, der Epoche der „Industriellen Revolution", begann. Wegweisende Erfindungen und Pionierleistungen der chemischen Industrie wurden hier erdacht und entwickelt. Im vergangenen 20. Jahrhundert brachten unter dem Namen ganz unterschiedlicher Firmen Kriege und Krisen schwere Rückschläge. Darin spiegelt sich letztendlich die schwierige Situation von Unternehmen und Unternehmern im Spannungsfeld zwischen Wirtschaft, Gesellschaft und Politik. Der Industriepark Höchst hat nicht nur den – deutlich sichtbaren – Aufschwung am Standort Höchst in seiner Bilanz, er ist vor allem ein Erfolgsmodell, das, gegründet auf einer langen und von Höchstleistungen in Forschung und Produktion geprägten Tradition, für die Zukunft große Chancen bietet. Auch in der Welt der global agierenden Großunternehmen hat sich die Landschaft dramatisch verändert. Der Industriepark Höchst zeigt mit neuen Ideen und innovativen Angeboten, wie auf diese Veränderungen zu reagieren ist, zum Vorteil der Unternehmen, ihrer Kunden und ihrer Mitarbeiter.

FORM UND FARBE *verweisen auf eine lebendige und lebenswerte Arbeitswelt im Industriepark Höchst. Ob Denkanstoß oder Denkmal, dem Besucher fallen zahlreiche künstlerisch gestaltete Objekte ins Auge. Dabei bleibt der Bezug zu den hier angesiedelten Unternehmen erhalten. Das „Denk Mal" wurde unter Verwendung innovativer Farbstoffe der Clariant geschaffen, die blaue Skulptur erinnert an das 2002 verstorbene Vorstandsmitglied der Hoechst AG und der Aventis S.A., Horst Waesche.*

PARKARTIG GESTALTETE LANDSCHAFTEN *und der Industriepark Höchst haben manches gemeinsam. Zur lebenswerten Arbeitswelt gehören auch Erholungsräume und Grünflächen. Der künstlich geschaffene Teich vor K 607 prägt das Bild des Industrieparks Höchst ebenso wie die Lage am Fluss mit genügend Raum für naturnah belassene Flächen.*

FORTWÄHRENDE ERNEUERUNG
ist ein Merkmal des Industrieparks Höchst. Die Abrissbirne ist hier kein Zeichen des Niedergangs, im Gegenteil. Die überall aufragenden Baukräne signalisieren Aufbau, Investitionen, neue Forschungs- und Produktionsstätten. Der Industriepark Höchst boomt.

DIE GESCHÄFTSLEITUNG *mit Jürgen Vormann (rechts oben) und Dr. Roland Mohr (rechts unten, bei der Grundsteinlegung der Biogasanlage 2006) widmet sich intensiv der Ansiedlung neuer Unternehmen und der Einführung innovativer Technologien.*

IN DER ANFANGSPHASE *des Industrieparks Höchst startete Geschäftsführer Dr. Alexander Dahmen (links) bereits ein umfangreiches Investitionsprogramm, das zahlreiche Baumaßnahmen zur Folge hatte. Dr. Dieter Kreuziger, hier mit der Frankfurter Oberbürgermeisterin Petra Roth bei der Einweihung der 40 MW-Gasturbine (oben), setzte diese Strategie fort.*

DyStar

BAYER

INDUSTRIEBAUTEN UND KREATIVE GESTALTUNG *sind kein Widerspruch. Zahlreiche Beispiele der Industriearchitektur in gelungener farbiger Fassung, meist entworfen von dem Designer Ernst Friedrich von Garnier, stehen dem Besucher vor Augen. Selbstverständlich nehmen bei der äußeren Gestaltung der Verwaltung des Textilfarbstoffherstellers DyStar die Farben einen besonderen Rang ein, während die Bauten von sanofi-aventis (links oben) und Bayer CropScience die Bandbreite der Gestaltung von Produktionsbetrieben aufzeigen. Das „Schiff auf Stelzen" (oben), ein unter anderem von der BKK Hoechst und dem Kunststoffhersteller Basell genutztes Bürogebäude an der Peripherie, ist ein Blickfang auf der der Stadt zugewandten Seite des Industrieparks Höchst.*

PRODUKTIONSBETRIEBE *bestimmen das Bild an vielen Stellen des Industrieparks Höchst. Auch hier haben neue und moderne Anlagen die alten Betriebe längst überflügelt. Der neue Wachsbetrieb der Clariant (oben) setzt nicht nur äußerlich Maßstäbe. Nach wie vor dominieren die zahlreichen Produktionsstätten für Arzneimittel den Industriepark: die Anlage von Sandoz für Arneimittel-Vorprodukte und Antibiotika.*

AUF DER SÜDSEITE *liegen der neue Lantus-Betrieb der sanofi-aventis (links) zur Herstellung von Langzeit-Insulin und der Produktionsbetrieb für inhalierbares Insulin von Pfizer (rechts).*

Industriepark Höchst
sanofi aventis
Celanese
Celanese Emulsions GmbH
Celanese
Celanese GmbH
Deutsche Post
IN HAUS SERVICE CHEMIE GmbH
kuraray
Kuraray Europe GmbH
HistoCom GmbH
Hoechst Archives
Bayer CropScience
DyStar
DyStar Textilfarben GmbH & Co. Deutschland KG
chemfidence
SIEMENS
Automation and Drives
Solutions Process Industries
basell
hpi
Hoechst Procurement International GmbH
SANDOZ
Fluorchemie GmbH Frankfurt
HSG
NEW ENGLAND BioLabs GmbH
Freitag & Best
HVAG
Hoechst Versicherungs-AG
Combined Container Service GmbH&Co KG
GRILLO
Grillo-Werke AG
HVS
HVS Versicherungsservice GmbH
MERCK
Merck OLED Materials GmbH
hp
NOVIA

G 808
BASF

C333
Cargill
C332

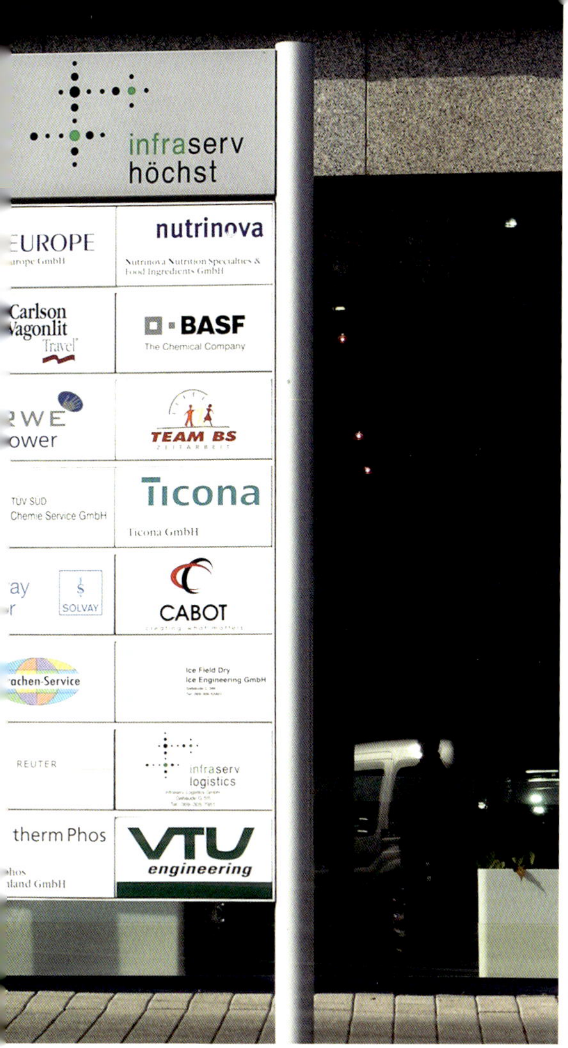

JUNGE UNTERNEHMEN *finden im Industriepark Höchst den idealen Ort für ihre Ansiedlung. Die lange Tradition eines forschungsstarken Standorts der chemischen Industrie trifft sich in vorbildlicher Weise mit den Anforderungen von innovativen Unternehmen, denen hier die notwendige Infrastruktur geboten wird. Das Adressbuch des Industrieparks Höchst liest sich wie eine Auflistung zukunftsorientierter Technologien. Die Bandbreite der Innovationen reicht von der Brennstoffzelle (links oben) über den Biodiesel (links unten) bis zur Wasserstofftankstelle – und weit darüber hinaus. Aus den im Jahr 1997 hier tätigen rund 40 Firmen sind 2007, mit weiterhin steigender Tendenz, mehr als 90 Unternehmen am Standort Höchst geworden.*

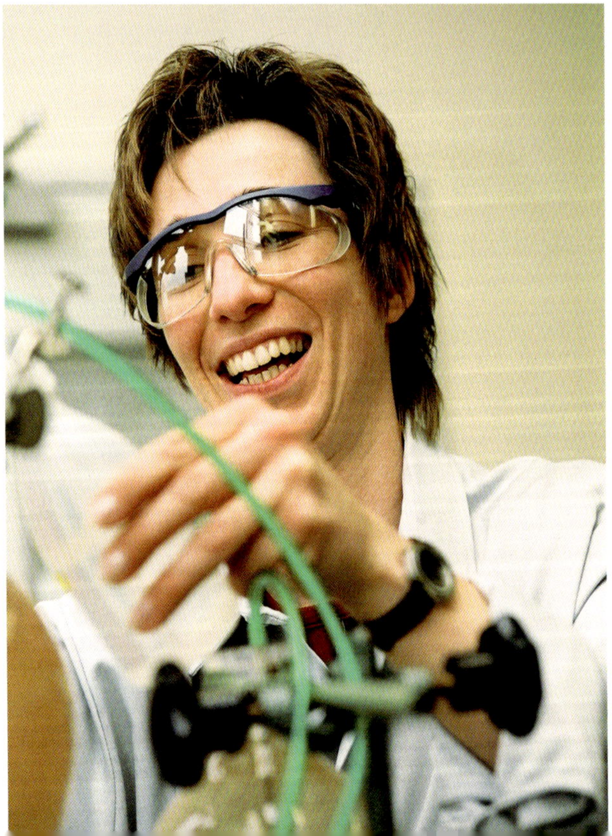

SERVICEORIENTIERUNG *ist für die Mitarbeiter von Infraserv Höchst das oberste Gebot. Die Vorbehandlung und moderne Reinigung biohaltiger Abwässer (rechts) ist nur ein Beispiel von vielen. Sie erlaubt den Kunden, sich auf ihr Kerngeschäft, Forschung und Produktion, zu konzentrieren. Alles weitere wird ihnen von Infraserv Höchst abgenommen. Die Spitzenstellung des Industrieparks Höchst beruht auf einer vorausschauenden Standortplanung. Die Flächenentwicklung und der Ausbau der Infrastruktur müssen den unterschiedlichen Anforderungen der Kunden entsprechen und immer neu angepasst werden.*

BETRIEBSSICHERHEIT *nach außen und nach innen ist in der chemischen Industrie besonders wichtig. Die Werkfeuerwehr und die Mitarbeiter des arbeitsmedizinischen Zentrums arbeiten beim Schutz von Menschen, Umwelt und Anlagen Hand in Hand.*

FÜR DIE ÄUSSERE SICHERHEIT *des Industrieparks sind die Mitarbeiter der Unternehmenssicherheit verantwortlich. Koordiniert werden alle Maßnahmen von einer modernen Leitzentrale, in der alle Informationen zusammenlaufen und wo bei Betriebsstörungen unverzüglich die notwendigen Entscheidungen zur Gefahrenabwehr getroffen werden.*

SOZIALE LEISTUNGEN *für die Mitarbeiter haben im Industriepark Höchst eine lange Tradition. Auch wenn sich deren Charakter in mehr als einhundert Jahren gewandelt hat, haben die Eckpfeiler Sport und Gesundheit, Ernährung und Freizeit bis heute Bestand. Die regelmäßige Teilnahme von Unternehmen aus dem Industriepark am Frankfurter Chase Corporate Challenge Lauf (oben) gehört ebenso dazu wie die modernen Betriebsrestaurants (unten links), in denen die Mittagspause in jeder Hinsicht genossen werden kann. Das seit vielen Jahren veranstaltete Kegelturnier (unten rechts) zählt zu den Höhepunkten im Freizeitangebot des Industrieparks Höchst.*

AUS- UND WEITERBILDUNG *auf höchstem Niveau garantiert den Firmen am Standort und darüber hinaus jederzeit qualifizierten Nachwuchs in Labor und Betrieb, Forschung und Verwaltung. Bei der Lehrabschlussfeier 2006 mit Oberbürgermeisterin Petra Roth und Jürgen Vormann, Geschäftsführer Infraserv Höchst (links), wurden die Auszubildenden nach erfolgreich absolvierter Prüfung feierlich ins Arbeitsleben entlassen. Mit rund 1.500 Auszubildenden und über 10.000 Teilnehmern an Kursen zur Weiterbildung setzt die Ausbildungsgesellschaft Provadis in Hessen Rekordmaßstäbe. Eine eigene Hochschule, die Provadis School of International Management and Technology, bietet drei Bachelor-Studiengänge an: Business Administration, Business Information Management und Chemical Engineering. Mit dem Abschluss des Master Business Administration sind die Absolventen auf dem Arbeitsmarkt weltweit konkurrenzfähig.*

AN DEN TAGEN DER OFFENEN TÜR *oder am Girls' Day (oben rechts) können sich regelmäßig tausende Besucher von den Tätigkeiten in der Welt der Chemie und vom Erfolg der Unternehmen am Standort überzeugen. Kritischen Stimmen bietet der Gesprächskreis der Nachbarn des Industrieparks Höchst eine Plattform, auf der Probleme diskutiert und einer Lösung zugeführt werden können. Nach außen ist Infraserv als Sponsor vieler Vereine und des Höchster Schlossfestes ein allseits geschätzter Partner.*

DIE INFORMATIONEN *über den Industriepark Höchst finden auf unterschiedlichen Wegen zu ihren Interessenten. Jubiläen und Festschriften, wie z. B. das 125-jährige Bestehen der Werkfeuerwehr 2006, lenken den Blick auf die Leistungen einzelner Betriebe oder Leistungsträger. Einen Überblick über die gesamte Entwicklung des Standorts vermittelt die Ausstellung „Zeitstreifen" am Besucherempfang Tor Ost des Industrieparks Höchst, zu der auch ein Ausstellungskatalog vorliegt.*

ZU DEN WAHRZEICHEN *des Industrieparks Höchst zählt längst auch der hoch aufragende und farbenfroh gestaltete Kamin des Kraftwerks. Über den Charakter einer weithin sichtbaren Landmarke hinaus ist das Kraftwerk auch ein Symbol für die Dynamik des Standortes und die Orientierung auf eine erfolgreiche Zukunft. Neben den reichlich vorhandenen Flächen und den umfassenden Services stehen moderne, regenerative und Ressourcen sparende Energien und ihre Erzeugung am Standort für die Vision, für den Ausblick in die Zukunft des Industrieparks Höchst. Von deren Bereitstellung, von der Entwicklung innovativer Technologien in diesem Sektor – der Brennstoffzelle, dem Biogas oder auch den Pilotprojekten rund um den Wasserstoff – hängt nicht nur der weitere Erfolg bei der Ansiedlung neuer Unternehmen ab. Der Industriepark Höchst ist auch ein Erfolgsmodell für die Neuausrichtung der Industrie in Deutschland.*

ABBILDUNGEN
HistoCom GmbH, Infraserv GmbH & Co. Höchst KG,
Walter Kloos, Siegfried Layda, Wolfgang Metternich,
Dirk Ostermeier, Wolfram Strohbach

GESTALTUNG
Wolfram Strohbach, Hofheim am Taunus